だいわ文庫

「あれこれ考えて動けない」をやめる9つの習慣

和田秀樹

大和書房

まじめで慎重である人ほど、考えすぎて損している
――はじめに

「和田さん、なんで、そんなにいろいろなことができるの？」

こう聞かれることがある。

もちろん、「いろいろなことができる」というのが、「いろいろな才能がある」というほめの言葉のときもある。しかし、なんで後先考えずに、「いろいろなことに手を出すことができるのか」という意味のときもある。

私は47歳のときに初めて、映画を撮った。

精神科医、書籍の執筆、塾の経営などで十分に忙しいのに、である。映画では何の実績もない（大学時代に挫折した自主映画と現場の使い走りの経験はあるが）のに、いきなり監督をするのは無謀なことだと、世間は思うだろう。他人がお金を出資してくれて「和田さんやってみませんか？」と頼まれるのなら、うまくいかなくても、「やはり映画の才能はなかったんだ」とちょっと恥をかくだけですむ。しかし、私の

場合、そういう人が現れなかったから、1億円以上の自腹をきった。

映画を撮った理由とか、決断したきっかけとか、よく聞かれるが、正直なところ、「やりたかったから」というのが真相である。結果的に外国の映画祭でグランプリを獲ったが、映画の才能があるかどうかなど、撮ってみないとわからないというのもあった。

でも、この歳になってやろうとしたのは、別の理由もある。

単純な話、人間、いつ死ぬかわからないのだ。

やりたいことはやり、食べたいものは食べ、飲みたいお酒を飲むようにしないと、死ぬ間際になってから後悔しても遅いという人生観に、自分が徐々に変わってきたこともある。

私の本業は、高齢者専門の精神科医である。

ふだん高齢者に接していると、今後の人生のために学ぶことがいろいろある。

若いうちに焦って出世しようとするより、いつまでも現役でいられるほうが幸せだとか、年長者や偉い人にとりいって偉くなっても部下をかわいがっておかないと、歳をとってから生き残っているのは部下のほうなので惨めな思いをするとか、逆に若い人間をかわいがっておくと、あとあと見舞いや自分のことを心配してくれる人がそれだけ多いとか、さまざまな患者さんをみていくなかで、人生観を変えてくれるような教訓が得られる。

そのなかでの最大の教訓は、人間の死ぬ確率は100%。

つまり、**いつかは必ず死ぬ**ということだ。

おいしいラーメン屋が通り道にあったときに、あと昼休みがどれだけ残っているかとか、太るんじゃないかとか、今日は500円までにする予定だったんだけどな、などと考えていると、結局、そのラーメンを食べ損ねてしまう。

でも、その場所にはその後、死ぬまで行かないかもしれないし、しばらくして行ってみたら、その店がつぶれていたということもあるだろう。ありえないと思うかもしれないが、翌日に事故で自分が死んでしまうこともあるのだ。

あれこれ考えるより、動かないと損だし、後悔する。

こう考えたのは、そういう事情からだ。

それを痛感するにつけ、いつかは映画が撮りたいという思いを実現させたい気分が強まり、有名な脚本家と知り合ったことをきっかけに、本当に撮ってしまったのだ。

ただ、だからといって、やりたいことはなんでもやる、ほしいものはなんでも手に入れるという人生を送っているわけではない。自分なりのできる範囲を考えているし、やってはいけないこと、あきらめていることもある。

たとえば、今回の映画も出すお金は決めていた。後々のことを考えると、ちょっと厳しい金額ではあるし、実際、その後、グルメその他で我慢していることも多くあった。家族にも節約生活を強いて、迷惑をかけてきた。でも、借金で首が回らず、いろいろと行動を縛られるレベルではない。実は、宣伝費などもっと使いたいお金もあったのだが、これ以上はいけないと断念したのだ。

また大学時代に、自主映画で失敗して、何をしてはいけないかもある程度わかっていたし、段取りもそれなりに考えていた。

実は、私はいわゆる恋愛（妻子があるので不倫ということになるのだが）やギャンブルはやらない。これについては、私が道徳的な人間だからでなく、経験的に女性にもてないと思っているし、ギャンブルが弱いことがわかっているからだ。
極端なことをいえば、私にとっては、ギャンブルや女性のほうが映画よりハードルが高いのだ。

できないことはすっぱりあきらめ、この範囲までならと、とりあえずやってみる、という当たり前のことを実践するだけで、人の何倍もいろいろなことを経験できたと自負している。

あれこれ考えて実行がなかなかできない人というのは、本来は知的だし、慎重でまじめな人なのだろう。そういう潜在能力のある人が、もう少し充実した人生を送る助けになるのではないかと、僭越ながら私の経験からいえることを書いてみた。

多少なりとも実行のきっかけになることを切に願っている。

習慣 5
休む

1週間、何もしない。
すると、不思議なことに、
「何かしたくなる」のだ。

習慣 6
失敗してみる

「自分は勝てる!」と信じない。
「勝てればラッキー」くらいの
軽い気持ちでどんどん失敗せよ。

習慣 7
感情にしたがう

「思い」を忘れない。
とりあえず「棚上げ」して
チャンスを待とう。

習慣 8
マネする

自己流をやめる。
優秀な人ほど、人のマネをする。
できない人ほど、
オリジナルにこだわる。

習慣 9
法則をみつける

「失敗の法則」に目を向けると、
どんどん動ける場所は狭くなる。
「成功の法則」だけ見よう。

和田式「動けない」脱出法
9つの習慣 大公開!

習慣
1
とにかく動く

「完全」を待たない。
「安全」だと判断したら、
動けばいい。

習慣
2
できることだけ、やる

ラクはすばらしい。「できること」
「好きなこと」をまず選ぼう。

習慣
3
他人に頼る

「お願い」できない人は人生で
損をする。苦手なことは人に頼ろう。
世の中は「頼り頼られ」成立している。

習慣
4
計画しない

「予定は変わってあたりまえ」
時間がどれだけあるか気にせず、
思いついたら、やり始めよう。

習慣 1

とにかく動く

習慣2

できることだけ、やる

習慣
3
他人に頼る

習慣4

計画しない

習慣5

休む

習慣6 失敗してみる

習慣 7

感情にしたがう

習慣8

マネする

習慣
9

法則をみつける

習慣 1

とにかく動く

「完全」を待たない。
「安全」だと判断したら、
動けばいい。

「不安」は、考えるほど大きくなる

●「起こったらどうしよう」という「予期不安」

「仮にこうなったらどうしよう」

何か新しいことを始める場合に、「もしも……」とネガティブな仮説をたて、その対処法を考える。

これは悪いことではない。何の準備もなく、急にトラブルに巻き込まれたら、多少なりとも焦ったりパニックを起こしたりして、本来の判断能力を欠いてしまうことも少なくない。

ところが、それも度を過ぎると、ちょっと困る。精神科や精神医学の世界で問題とするもののひとつに、「不安」がある。そのなかでも、とくに問題となるのが、「予期不安」といわれるものだ。

心理学の世界でいう「予期不安」とは、これから起こるかもしれないことを心配し、悲観的な未来を予期・想像してしまう状態をいう（精神医学では、パニック発作がまた起こるのではないかということに限って「予期不安」ということばを使うことがある）。

まだ起こる前のことだから、いわば想像の世界、フィクションだ。

でも、物事を悲観的に考えすぎてしまう人や心配性の人が「予期不安」を抱くと、どんどんエスカレートしてしまう。**「不安」なことは、考えれば考えるほど、どんどん大きく育ってしまう**のである。

●「最悪を想像する習慣」をやめるコツ

なぜ精神科医が「予期不安」を問題視するか。それは、極端な例では、「予期不安」が増大したあまり、家から一歩も出られなくなることもあるからだ。

とくに、以前にパニック状態やひどい不安感に襲われた経験があると、それと同じ状況になることを極端に恐れてしまう。

私の知る30代のビジネスマンには、こんなことがあった。

発端は数カ月前。

彼は重要なプロジェクトのリーダーを任された。数度目の会議の途中で、彼は緊張のあまり、突然、**このまま死んでしまうのではないかと思うほど、激しい動悸**に襲われてしまった。焦れば焦るほど、動悸はひどくなる。やがて、全身にいやな汗が噴き出し、息が止まりそうなほど苦しくなり、さらに、体がけいれんしたり、吐き気に襲われたりしたそうだ。彼にとって、こんなことは初めてだったという。

少したって落ちついたら何でもなく、医者にかかるほどでもなかったのだが、それ以来、会議があると思うだけで、動悸が起こり、気を失ってしまうのではないかという不安がよぎる。そういう心配のために、食欲も低下し、体調も悪くなってくる。

そこで専門医に相談してみようと思ったのだ。

実際、これほどになると、パニック障害や不安神経症（不安性障害）などの病名がつく。精神科や心療内科で専門医の治療や指導を受けたほうがいいだろう。

しかし、単なる心配性でも、時に、激しい症状を起こすこともある。

たとえば朝、会社に行くために家を出ようとする。そのとき、ちょっとした不安がよぎり、やがてどんどんエスカレートしてしまったら、どうなるだろう。

「今日の会議で〝バカな発言〟をしてしまったらどうしよう」

［考えれば考えるほど不安は大きくなる］

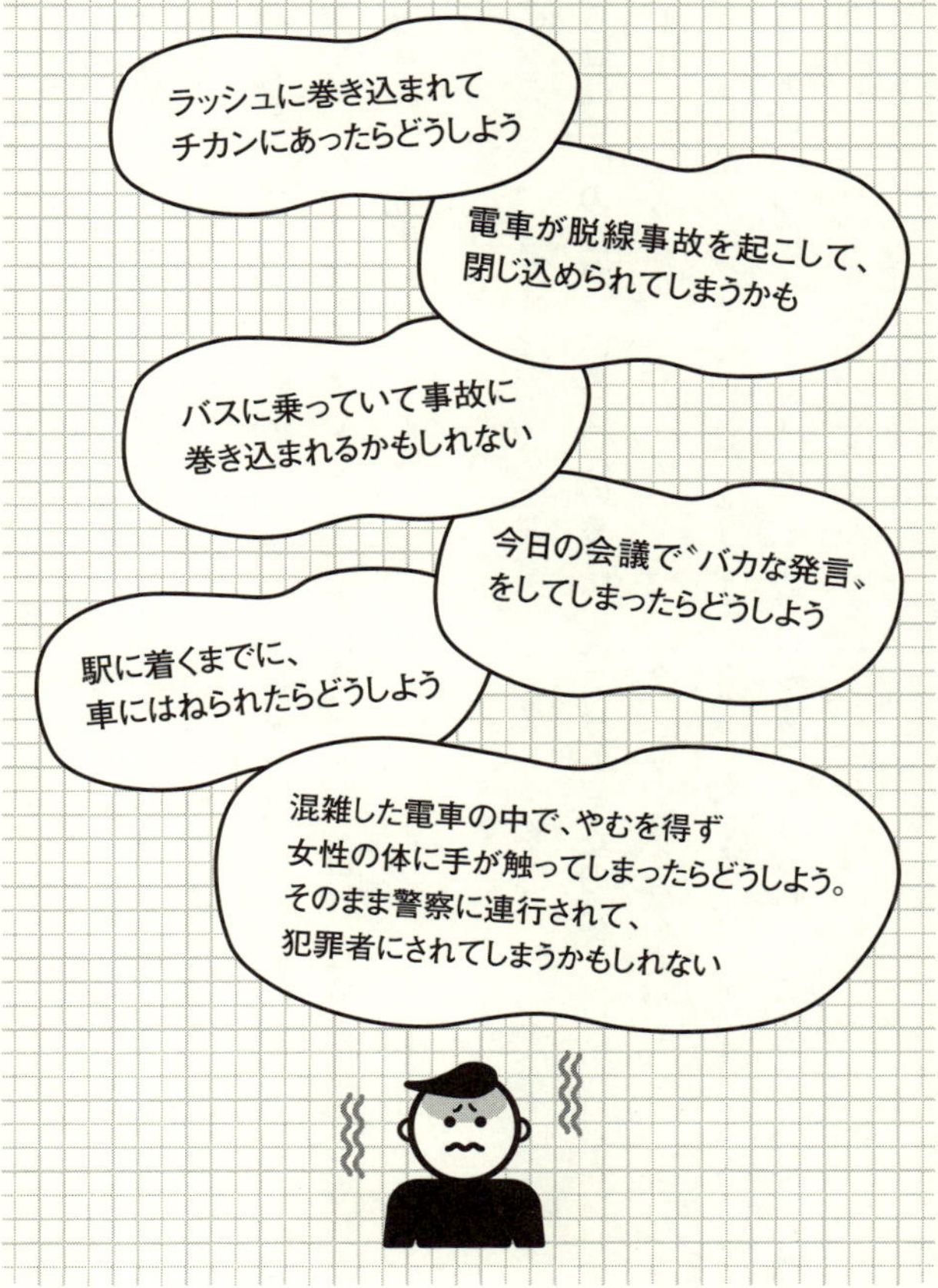
ラッシュに巻き込まれて
チカンにあったらどうしよう
電車が脱線事故を起こして、
閉じ込められてしまうかも
バスに乗っていて事故に
巻き込まれるかもしれない
今日の会議で〝バカな発言〟
をしてしまったらどうしよう
駅に着くまでに、
車にはねられたらどうしよう
混雑した電車の中で、やむを得ず
女性の体に手が触ってしまったらどうしよう。
そのまま警察に連行されて、
犯罪者にされてしまうかもしれない

「駅に着くまでに、車にはねられたらどうしよう」
「バスに乗っていて事故に巻き込まれるかもしれない」
「電車が脱線事故を起こして、閉じ込められてしまうかも」
などなど。

考えれば考えるほど、最悪の状況に巻き込まれるのではないかという不安がどんどんふくらんでいく。挙げ句の果てには、不安に支配され、自分ではどうしようもなくなり、家から一歩も出られなくなる。

こういうことは、考えれば考えるほど、ひどくなっていく。

だから動けないのだが、いちばんの薬は、「動くこと」なのだ。

矛盾しているようだが、実行することで、実行を邪魔する不安が生じにくくなるし、案ずるより産むがやすしの経験をすると、さらに動けるようになる。

そこで、大切なのは、考えるより、まず動けるようになる自分になることだ。それを実現させるために、私はこの本を書くことにしたのだ。

「不安」はめったに起こらない

●「妄想」と「不安」は違う

これまで紹介したことは、第三者から見れば、バカバカしいと思われるだろうが、本人は真剣そのものだ。

しかし、そこまで極端でなくても、ときどきふと「交通事故にあったら……」といった不安にかられる人は、少なくないのではないだろうか。

仮に家族や友人が「予期不安」を抱いてしまったとしたら、あなたは何と言って落ちつかせるだろうか。

「心配することない。電車が脱線するなんて、めったに起こることじゃないよ」

そう声をかけたら、その人は安心できるだろうか。

答えは「ノー」である。

「不安」は、「妄想」とは少し違う。

なるほど、電車が脱線する確率はひじょうに少ない。

でも、脱線事故は起こる。絶対にないとは言い切れないことなのだ。

交通事故なら、もっと確率は高い。２００8年に起きた交通事故発生件数は、76万５５１０件。その事故94万４０７１人が負傷し、５１５５人が貴い生命を落としている。計算すると、交通事故による1日の平均死者数は14・12人。1時間42分に1人が亡くなっているのだ。絶対にその1人にならないとは、断言できないし、墜落したら1度に何百人という死者を出す飛行機事故よりも、実は、交通事故で亡くなっている人のほうが、比較にならないくらい多い。

でも、墜落するかもしれないと不安に感じて飛行機に乗らない人はいるが、交通事故にあうかもしれないから道を歩かないと言ったら、

「お前、おかしいんじゃないのか」

と言われてしまうだろう。

めったにないことではあるけれど、可能性はゼロではない。

だから、不安に感じて心配することは、妄想的とはいえないし、異常なことでもないのだ。飛行機を怖がるより、むしろ確率的には正常とさえいえる。

●世の中で「100%」言えることは1つだけ

このように「予期不安」というのは、ありえないわけではないぶん、たちが悪い。でも、たいていの人は、不安に感じることがあっても道を歩けるし、バスや電車や地下鉄にも乗れる。それはなぜかというと、可能性がゼロでなくても、確率が低いものは、「おおよそゼロ」とみなす習慣がついているからだ。

「事故や事件に巻き込まれたらいやだ」「失敗するのが怖い」と思っていても、確率はゼロではないけれど、1でもない。

世の中において、「100%必ず起こること」も「100%起こらないこと」もほぼない。

言ってみれば、「確かなこと」なんて、世の中にほとんどないのだ。

算数なら「1+1=2」になるけれど、物理学から厳密にいうと「1+1=2」は間違いだという考え方もある。ニュートン力学にも間違いはあるし、地球の温暖化の原因はCO_2だといわれているが、100%証明されたわけではない。

唯一、この世に100%起こるとすれば、それは1つ。

[世の中に“確かなこと”はほとんどない]

人間も動物も、生命あるものは必ずいつかは死ぬということだけだ。

不老長寿の研究がされていても、今のところ、死なない人間は絶対にいない。いつかは死ぬ。

そう思って**開き直ってしまえば、案外かんたんに不安を払拭できるのではないだろうか。**

「安全」と「完全」の違いを知る

●「損《そん》切《ぎ》り」して動く

事故に巻き込まれる危険があっても、人は外出する。道を歩く。乗り物に乗る。

それは、今よりよくなることを求めているからだ。

さまざまなアクションもこれと同じ。

好きな人に告白したいけれど、断られるのが怖いから、言い出せない。あるいは、営業に行かなくてはならないけれど、商談がうまく進まないかもしれないと心配になって、出かけられない。

しかし、ひとつ確かなことは、**そのまま行動に移さなければ、何も変わらない**ということだ。

ひょっとすると、片想いだった相手から逆に交際を申し込まれたり、営業先から製品を買いたいと注文の電話があるかもしれない。でもそれは、低い確率でしかない。

告白もせず、営業にもいかなければ、何も進展しない。昨日と同じ今日のまま、成果も得られなければ、好転もしない。

結果だけ考えたら、**好きな人にふられてつきあえないのも、告白しないからつきあえないのも、外から見ればまったく同じだ。**

営業をして商談がうまくいかないのも、営業に行かないから注文がとれないのも、外から見れば、同じように仕事ができない奴だ。

ただ、告白すればつきあえる可能性はないわけではないし、営業をして商談がまとまる可能性だったら、悪くても3割くらいはあるだろう。

つまり、告白しないとか、相手をおそれて営業にいかないのでは、時間も人生ももったいない。リスクを恐れて足踏みするより、リスクがあっても、今よりよくなることを求めたい。そのためにはまず動くこと、1歩踏み出すことが必要だ。

その手段のひとつが、**予期不安やリスクの「損切り」をすることだ。**

損切りとは経済用語だが、株や証券で含み損の出ているものを売却して、損失を確定すること。10万円で買った株が、どんどん安くなって、5万円を切ってしまったとする。さらに暴落するだろうというのが、大方の予想だ。

そこで、損した5万円がもったいないと躊躇しているうち、その会社が倒産して株券が紙切れになってしまったとしたら、全額失うことになる。

でも、決断して5万円で売ってしまえば、5万円の損ですむ。「小さな損」を選択することで、「大きな損」を回避する。

暴落でパニックになったら、冷静な判断力を失ってしまうかもしれない。そうならないために、株を買うときに、いくら下がったら売るか、おおまかに決めておく。ところが、5万円も損をしたのでは大変と思ったり、いつか上がるかもしれないと確率の低い期待をしてしまうから、なかなか売れない。結果的にもっと大きな損になってしまう。

損切りのいいところは、これ以上、損をしない金額や被害の程度がわかっていることだ。どんなに損をしても5万円と読めるのであれば、そのくらいならいいかと身動きもしやすいだろう。

たとえが唐突かもしれないが、予期不安もこれと同じだ。

損切りする習慣をつけるといい。

ある程度のリスクには、目をつぶる。

失敗してもこの程度だと割り切る。

そして、動いてみる。いちばん肝心なのはここである。1歩でいいから、動いてみる。

すると次の1歩は、意外と軽く出るものだ。

●どんな薬もリスクがあるが、飲まないと悪化する

なかなか動けない人というのは、この最初の1歩に躊躇してしまう。

でも、1歩目は重くても、2歩目はぐんと軽くなる。さらに3歩、4歩と、どんどん歩みに拍車がかかることを知れば、徐々に身軽に動ける人間になっていくものだ。

反対に、動かないで考えてばかりいると、どんどん不安は広がっていく。

リスクはどんなことにでも、必ずついてくる。でも、リスクを心配して動かなければ、可能性はゼロになってしまう。

私たち医者が行う医療行為も、つねにリスクと背中合わせだ。

どんなに簡単な治療でも、100%安全だという保証はない。

たとえば、アナフィラキーショックという、急性アレルギー反応のひどいものがあ

［予期不安やリスクを「損切りする」発想とは？］

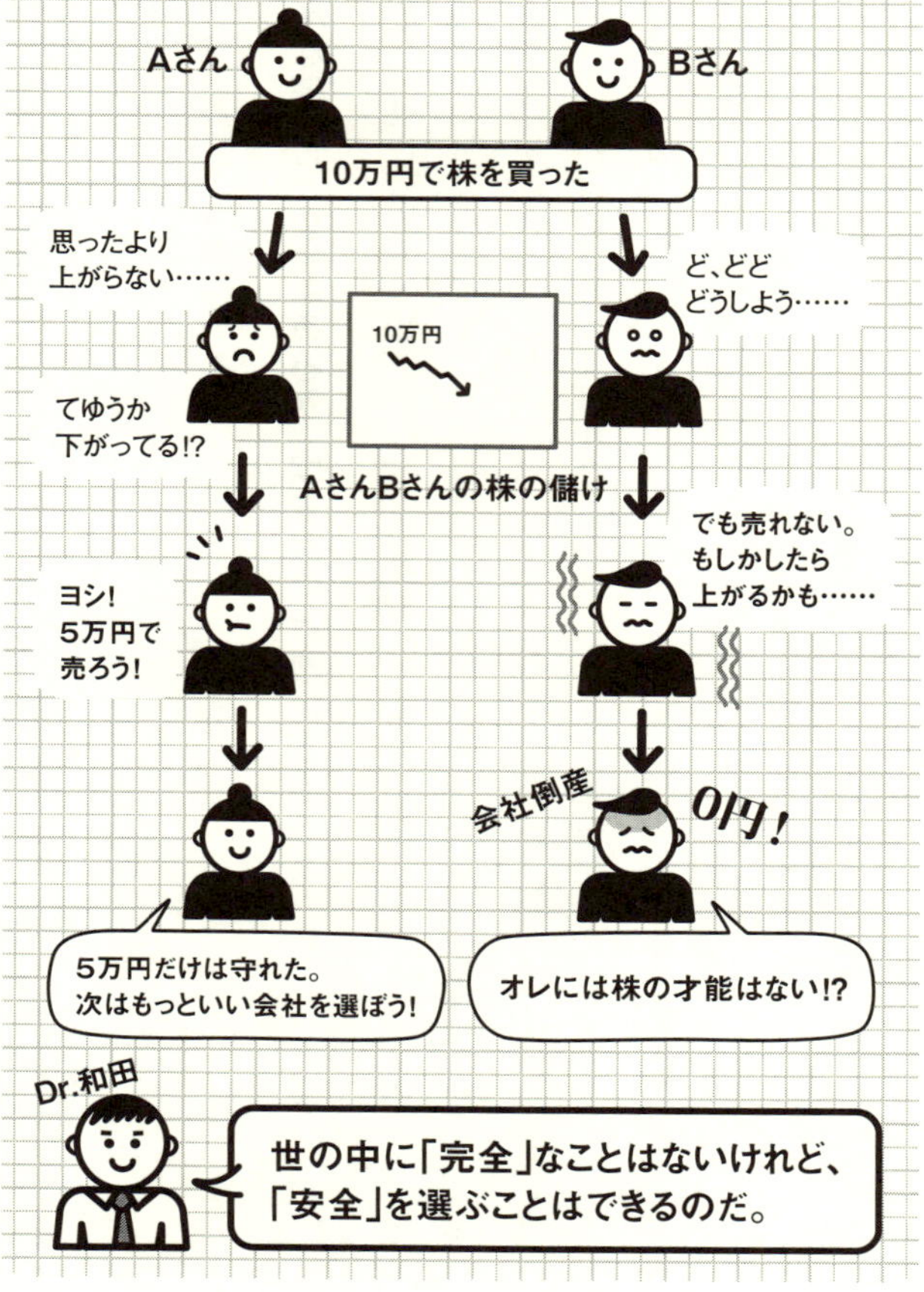

る。

薬や食物、ハチに刺されたことなどが原因でショック症状を起こし、ときには命を落とすこともある。

極端な場合、カゼ薬1錠を飲んだだけ、普通に誰もが受けている注射を1本打っただけで、ショック死することもある。もちろん、何万分の1、1億分の1などという確率ではあるが、ゼロではない。だから、医者は治療をするとき、いつもリスクと隣り合わせだ。でも、リスクを恐れてばかりいたら、成果は得られないし、デメリットがどんどん増大してくる。

なかなか動けないという人に、知ってもらいたいのは、「完全」と「安全」の違いだ。**世の中に「完全」なことはほとんどないけれど、でも、「安全」を選ぶことはできる。**

受験術などを紹介している関係で、私はよく、子育てに関する相談も受ける。

そういうとき、100％絶対に成功する子育て術はないから教えられないけれど、成功する確率の高い子育て術なら、アドバイスできる。

安全と完全の区別をできるようになれば、フットワークはぐんと軽くなる。

リスクゼロなんてありえないのが原則、どんなことにもリスクは伴う。
だから、「完全」を待たない。
「安全」だと判断したら、動けばいいのである。

「試しやすい時代」がやってきた

●今や成功モデルはない

お金持ちになりたいと思ったら、勉強して有名大学を卒業し、一流企業に就職したり、あるいは、医者になったりすれば、ほぼ将来は安泰だと思われた。もてたいと思ったら、ダイエットやトレーニングをして魅力的なルックスに磨きあげれば、もてる確率はアップした。

商売で成功したいと思ったら、アメリカで流行っているものを持ってくれば売れる、安くすれば売れる、あるいは、投下資本を大きくして地元でいちばん品揃えのいい店にすれば売れる、という成功モデルがあった。そのモデルを踏襲すれば、かなりの確率で成功できた。

ところが今や、**参考にできるものは、ほとんどなくなってしまった。**

アメリカはおろか世界中の魅力的なものは輸入しつくしてしまったから、もう、海外から持ってきても売れない。また、有名大学出身なら、一流企業に就職できるという幻想はなくなってしまったし（とはいえ優秀な大学を出ているほうが確率は高いが）、仮に入社できても、いつ倒産するかわからないし、終身雇用の神話も崩れた。

●コンビニより多い!? 歯科医院

エリートなんてものも、今や存在しないだろう。

以前は親が医者だと子どもも医者に、という傾向が多かったが、それもなくなった。

私たち医者仲間の多くも、自分の子どもを医者にしたいとは思わないようだ。

歯科医にいたっては、２００７年度で３５０施設が廃院したというデータが、東京歯科保険医協会より発表されている。ざっと計算すると、ほぼ１日に１件、廃院である。

都市部の乱立しているエリアでは、歯科医院は、コンビニの倍の数にのぼるという。

これから人口は減っていくし、医療費だって抑制されていく。**医学部や歯学部の定員は増え続けているから、以前よりも入学しやすくなっているが、逆に、それは医者**

になってもいい生活は保証されない、ということも意味する。

また、弁護士といえば「先生様」だったが、それも昔の話。ロースクールが次々と設立され、弁護士の数はどんどん増えた。その反面、景気が悪くなると弁護士への依頼が減るようで、弁護士が転職するケースも増えているのだという。

少なくとも仕事のとれない弁護士は、サラリーマンよりずっと貧しいという現実がある。まさに、先の見えない時代だ。

●軌道修正すればいい

しかし、その反面で、さまざまな可能性が生み出されている。

成功モデルがほとんどなくなった以上、いろいろと試してみないと成功しないということになる。

つまり、まずは、**やってみなければ結果はわからない。**

加えて、今の世の中は、ビジネスでも勉強でも、ひじょうに試しやすくなっている。

ビジネスモデルでいえば、商売が初めての人でも、小さい資本でいろいろ試してみることができる。

失敗するかもしれないけれど、小さい資本なら大した痛手は受けないですむ。

物を売りたいと思ったら、インターネットを活用して、店を持たないでも始められるし、インターネットでの宣伝なら、うまくやれば、これもそうお金はかからない。

代金引換などの手段で、お金を使わなくても、直接、通信販売ができる。ある製品で試してだめなら、別の製品を扱えばいいし、動きがいい製品があったら、そこに資本をつぎこめばいい。

一見、成功モデルがなくなったことでリスクが大きくなったように感じるが、実は、小資本で新しいビジネスを試しやすい時代が到来していたのだ。

この波に乗るには、**何はともあれ、まず動く**こと。

やってみたいことがあったら、失敗しても立ち直れる予算内で、小資本で試してみる。そこから、ビジネスを興《おこ》していけばいいのだ。

これを実践して、短期間かつ若年で億万長者になった人がたくさんいる。

ミクシィを創業した笠原健治さんは、創業数年、20代で億万長者になり、２００９

年当時は、32歳の最年少で、フォーブス誌の選出する「日本の富豪40人」にランクインした。

そこで紹介されていた推定資産総額は7億4千万ドルだというから、すごい。

モバゲータウンを運営するディー・エヌ・エー代表取締役社長の南場智子さんは、瞬く間に、日本中の女性創業社長のなかで利益トップの座に躍り出た。

それらの成功は、少なくとも動かなかったら得られなかったことは間違いない。

「一勝九敗」でいい

●ユニクロ成功の秘密

フォーブス誌「日本の富豪40人」２００９年のトップは、ユニクロで知られるファーストリテイリング代表取締会長役兼社長の柳井正さんで、推定資産総額は61億ドルだった。柳井さんは、早稲田大学政治経済学部を卒業してジャスコ（現イオンリテール）に入社したが、わずか9カ月で退社し、故郷の山口県宇部市でご尊父が創業した「小郡商事」に入社した。それを今や、世界に名だたる大企業に成長させたのだ。

さぞや成功の連続だろうと思いきや、柳井さんは、『一勝九敗』という著書を書かれている。

そのなかで、**施策を10立てたものの、そのうち9つは失敗したことを明かしている。**

でも、**残りの1勝で、今に至る。**

いろいろ失敗するのでも、自分で対処できる範囲（たとえば莫大な借金を作らないとか）なら、いくらでも立ち直りがきく。おまけに、いろいろとトライすることで大きな1勝を得る可能性は開けてくる。

私たちは、柳井さんのような世界のトップ企業を目指すわけではない。日々のちょっとした成功を得ようと思っているだけだ。

トライするといっても、そんなに大きな損をするわけではないだろう。だったらなおさら、失敗なんて恐れることはない。

あれこれやって、そのうち1つが成功すれば、結果的には失敗も成功への過程となる。

まずは動く、試してみること。

今の時代は、石の上にも3年などといってコツコツと努力する必要はない。むしろ、だめと思ったらすぐに方向転換できるほうが、大きな勝利を得られる確率も高くなる。

それを知れば、「なかなか動けない」「行動に移せない」なんて言っているのがバカバカしくならないだろうか。

思い悩むこの瞬間、一歩踏み出せば、ライバルにも大きな差をつけられるのだ。

●得意なことだけするのが和田流

失敗して元々、まずは身軽に試してみる。

その結果、9敗したとしても、最後に勝てばそれでいい。

柳井さん方式の「一勝九敗」に加え、**なるべく苦手なことには手を出さない**というのが、和田流だ。

私は、学生時代からいろいろなことに首を突っ込んできたが、それらはすべて、自分の夢を実現するため。なるべく時間を無駄にしないためにも、私は、どうしても必要でないかぎり、苦手だなと思ったことはやらないようにしてきた。学生時代は、医学部に通いながら、雑誌のライターをやったり、あちこち取材で飛び回ったりした。

私が、マスコミの人とつきあうようになったきっかけは、「東大アイドル・プロデュース研究会」を設立したことだ。これは、映画を撮りたいという夢を目標に、資金作りやネットワークを広げるためのものだった。

いくら、当時としては大金をつぎこんで16ミリの映画を撮ろうと思っても、ただの大学生の映画にいい女優は出てくれない。そこで、山口百恵さんが引退したのをいいことに、その次の東大生が支持するアイドルは、既存のタレントではなく、一般人から東大生が選ぶ、というイベントをやったのだ。

ここで選ばれたアイドルが、私の映画の主演になるという手はずだった。

当時、このイベントは相当話題になった。選ばれたアイドルの武田久美子さんは、いまでも有名タレントだ。映画のほうは、当時、人気絶頂だった近藤真彦さん主演『ハイティーン・ブギ』にかっさらわれたが、私自身も、マスコミとのつきあいは深まったし、ホリプロのタレントスカウトキャラバンの審査員もつとめたことがある（堀ちえみさんの回と大沢逸美さんの回だ）。

その一方で、当時は、灘高のほうが東京の高校より、はるかに東大医学部に受かっているという実情を訴えて、エリート養成の学習塾を始めた。この塾は今でも東大に2，300人合格させる名門塾として残っているが、私のほうは資本を大して出していないので、追い出される憂き目にあった。

しかし、私の受験ノウハウを使った通信教育の会社を新たに立ち上げ、2008年は東大理Ⅲのトップ合格者を出しているし、ビジネスとしても成功している。

私も勝ったり、負けたりしながら現在の自分があるのだ。

大学生でありながら、同時にビジネスもスタートし、何足のわらじをはいたのか数え切れないほどだ。

●私も「試してみなければわからない」を実行してきた

私が学生だった当時は、大学生でビジネスを始めるというのは日本ではめずらしかった。

普通に考えれば、東大に入れたのだから、しっかり単位をとって就職活動に力を入れ、一流企業に就職すればいい、あるいは医者や弁護士、教師など「先生」と呼ばれる職業に就けばいいと思うだろう。でも、それでは、当たり前の結果しか得られない。

社会人になってからでは得られない時間が、学生ならうまくやりくりすれば作れた。だったら、まずは試してみよう、と、私は考えた。

試してうまくいけば続ければいいし、だめだったらやめればいい。

当時の「試してみなければわからない」「興味があったらやってみればいい」とい

う発想は今の世の中に通じるし、現在も私はそういうスタンスで生きている。

精神科医の傍ら、本を書いたり、映画を撮ったり、3カ月に1度アメリカに勉強に行ったり、グルメを続けるうちに、林真理子さんをはじめとして、いろいろな知り合いの輪も広がっている。好きなことばかりして生きているが、それもこれも、試してみればいいや、という柔軟なスタンスのおかげだと思う。

[好きなこと・得意なことだけするのが「和田流」]

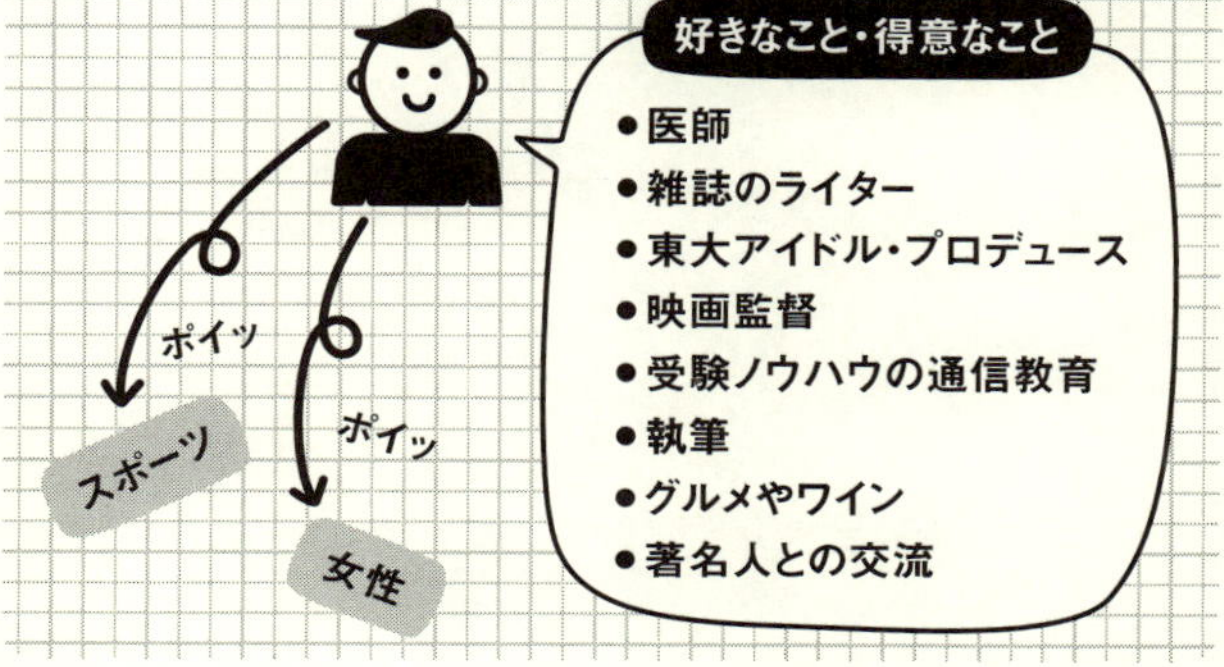
好きなこと・得意なこと
●医師
●雑誌のライター
●東大アイドル・プロデュース
●映画監督
●受験ノウハウの通信教育
●執筆
●グルメやワイン
●著名人との交流
ポイッ
スポーツ
ポイッ
女性

習慣 2

できることだけ、やる

ラクはすばらしい。

「できること」

「好きなこと」をまず選ぼう。

アピールできなければ負け？

●真っ先に手を挙げられない

知り合いに、本当は優秀なのだが消極的で、せっかくの能力を発揮できない人がいる。

会議に参加しても、まったく意見を言わない。実はいいアイデアを持っているのだが、言い出すきっかけをつかめず、どうしようかとおろおろしているうちに時間がなくなってしまうのである。

彼が優秀なことは、上司も知っている。

なぜなら、提案書などを書かせると、オリジナリティあふれるアイデアを中心に、現実的なマーケティングも盛り込んだ、すばらしいものを出す。でも、会議で積極的にそれを**アピールできなければ、現実社会では優秀な人間という評価はされにくい。**

小学生の頃、特別に優秀ではないのに、授業中、先生が問題を出すと、いつも率先して元気よく手を挙げた生徒がいなかっただろうか。

真っ先に手を挙げられるタイプというのは、リーダー的な存在になる。人を引っ張っていく力があるし、クラスメイトにも頼りにされ、先生にもかわいがられる。その頃は、勉強もできるし活発で、リーダーシップのある子だったと思う。

でも、今にして思えば、積極的だっただけで、それほど成績はよくなかった。

リーダー的才能が備わっていたとも考えにくい。

もっと成績がいい子もいたし、でしゃばりはしないがリーダー役を任せれば、うまくクラスをまとめたであろう子もいた。

しかし、たとえ1番の能力がなかったとしても、やっぱり、真っ先にいつも手を挙げたあの子が、クラスのリーダーになってしまうのである。

残念ながら社会に出たら、もっとこれは顕著になる。どんなにすばらしいアイデアや才能を持っていても、挙手して発表できないと、評価されない。

地道な努力よりも、真っ先に手を挙げる「勇気」が求められるのだ。

●帰国子女が英語で失敗する理由

受験指導をするうえで、私がもっとも重要ポイントとしてすすめていることは、得意なことを伸ばす、点をとれそうな科目から勉強していくことだ。

受験などというものは合計点で受かるものなのだから、得意な科目で点を伸ばして、苦手科目の負担を減らしたほうが有利だ。

そして、試験当日も、設問1から順番に解いていくのではなく、すぐにわからない問題は飛ばして、確実に解けると思える問題から手をつけていく。

学校の入学試験はもちろん、資格取得など、すべてに言えることだが、苦手な科目を克服することが受験勉強だと勘違いしている人が多い。たとえば高校受験なら、数学や漢文、物理など、苦手な科目に時間をかけて勉強する。あるいは、帰国子女で英語がしゃべれると、国語や数学など、英語以外の勉強に時間をかける。

しかし、**こういう勉強法だと、たいていが不合格になってしまう。**

なぜなら、苦手なことはやっていても楽しくない。だから、時間をかけたわりに、実績が上がらない。

だいいち、それまで何年間も苦手だった科目が、受験期に入って多少勉強を増やしたところで、急に伸びることは少ない。それに苦手科目の勉強はつまらなくて、つらいから受験勉強そのものがつらくなることが多い。

とくに、帰国子女で英語に自信を持っている人が、失敗しやすい。英語ならできるからと、国語や数学を中心に勉強していたら、安心していた英語が、ろくに点がとれなかったというケースも少なくない。

英語がしゃべれて、それなりに読解できるのと、試験の英語ができるのは、違うのだ。

帰国子女がなぜ英語で失敗するか？

英語はできるからいいや!!
と思って、
油断していたら……
日本語がムズカシイ…!!
和訳がうまくできない!!
52てん
私が必要とすることを
現在伝えています。

英単語を知っていても、日本語力がないために設問を理解できなかったり、答えの日本語がひどいものだったりすることがあるからだ。

しかし、こういう人は英語を読むスピードはネイティブなみだし、英語を読むのが苦痛でない。だから、受験用の英語の問題集を一般の受験生の倍以上のスピードでこなすことができる。

ここで、得意の英語が満点近くにできれば、他の科目の得点負担は、ぐんと減る。苦手科目はさほど勉強しなくても合格する可能性が高いということだ。しかも、私立大学などを併願する場合、英語が得意だと選べる大学は多い。

大学受験や入社試験、最近受けた資格試験などを、思い出してみよう。

あなたは、苦手科目に振り回されて失敗したことはないだろうか。

えてしてこのタイプは、通常の仕事でも、苦手な業務や、そりの合わない上司・先輩に振り回されて、失敗しがちだ。

そんなことのないように、**「得意なことで自分をアピールする術」を磨いたほうがいいだろう。**

「おいしいもの」から食べる習慣を

●大物に萎縮してしまうという「弱さ」

人には得手不得手がある。また、人や物など、好き嫌いがある。**最初に苦手意識を持ってしまうと、克服するのは難しい。**

たとえば、相手が大物だと尻込みしてしまう人。

こういう人は、ビジネスチャンスを失いがちだ。なぜなら、懐に飛び込んでこない人間は、関心を抱かれないし、ヘタすると切り捨てられる。結局、大物の力添えを得られないで終わってしまうのだ。

「同期のAは、相手が大物でも緊張することなく平気で懐に飛び込んでいく。はたから見ると、あんなに偉い人に失礼な態度で大丈夫なのかとハラハラすることもあるが、そんな態度が逆に好印象を与える。そのうえ同僚や部下とは気軽につきあえ、評判もいい」

このようにあれこれと考え、同期のAをマネして、いつもなら尻込みしてしまう取引先の大物の懐に飛び込もうと性格を改造して、涙ぐましい努力をする。

あなたはどうだろうか。

●焦げたトーストをどうするか?

話はそれるが、食育がさかんな今、子どもの偏食をなくす方法のひとつとして、まず嫌いなものから食べさせる、という手法があるそうだ。お楽しみは後から、嫌いなものを先に食べてしまえば、残りは好きなものばかり。大好物を餌《えさ》に、嫌いなものを食べさせようというのだ。

しかし、それで本当に偏食がなおせるのだろうか。

好きなものを食べたいから、我慢して嫌いなものを食べる。本当は食べたくないけれど、大好物のためには仕方ないと、目をつぶって嫌いなものを食べる。

これでは、いつまでたっても「嫌い」は「好き」にならないし、苦手なまま。ひどい場合には、嫌いなものでお腹がいっぱいになってしまう。その結果、大好物を食べられない。それを繰り返していくうちに、「食べる」こと自体が楽しいことではないと刷りこまれてしまう。

結果、食べることが嫌いになったり、関心を抱けなくなったり。食育とはかけ離れた結果となってしまう。

『小さな恋のメロディ』という映画をご存じだろうか。

マーク・レスターとトレイシー・ハイド演ずる日本なら小学生のふたりが、初恋をし、一緒にいたいという純粋な気持ちから、自分たちで結婚式を挙げるという映画だ。ジャック・ワイルド演じる友人が、ふたりを手助けするのだが、確かこんなシーンがあった。

トーストが焦げたらどうするか。焦げたほうを裏にして、焦げてないと思って食べる、というのだ。そうすれば、おいしく食べられるのだという。

心理学的見地からいくと、この場合、好きなものから食べさせたほうが食育効果は上がると、私は考える。

たとえば、小さな子どもにお弁当を作ってあげたとする。

私の心に残っている「幸せな考え方」を伝えてくれるセリフ

「小さな恋のメロディ」より

焦げたトースト

どうせ食べるなら
おいしく食べよう!

焦げた面を
裏にして食べたら、
あらオイシイ!

次は焦がさない
ようにしよう

次の希望や
未来へつながる

↓

幸せな考え方

ああ、もうダメだ。
ああ、おいしくない!

なんで
焦げたんだろう

考えても答えの出ない
悩みや後悔

↓

ネガティブな考え方

ふたを取って目の前に広げ、「○○ちゃんのいちばん好きなものはどれ？」と聞いてみる。「ウインナー」と答えたら、「じゃあ、いちばん好きなウインナーを食べようね」と、食べさせる。

次に、残ったお弁当箱を指さして、

「この中でいちばん好きなものはどれ？」と聞く。

「玉子焼き」と答えたら、食べさせる。

これを繰り返していくと、**最後のひとつ以外は、すべて「いちばん好き」になる。**

好きなおかずと嫌いなおかずがあったら、誰でも、自然に手がいくのは、好きなおかずだ。おいしいものや好きなものを食べると、食欲を増す。うれしいから、次に食べるものもおいしく感じられる。

しかし、無理に嫌いなものを食べたら、食欲がなくなってしまうだろう。

仕事もこれと同じなのだ。

嫌いなものや苦手なものは、無理することはない。避けてしまったっていいのだ。嫌々やっても、うまくいくはずはないし、意欲を失っていくばかり。中途半端で投げ出してしまうかもしれない。

だから、まずは、好きなことをやる。食事なら、好きなものから食べる。かなり飛躍するが、大物が苦手、尻込みしてしまう、ということも、これに通じる。それを弱点と考えて、コンプレックスを持つ必要はない。苦手なんだから後回しでいい、避けて通っていい、としよう。**得意なところから、がんばることで目立つということを考える。それを通じてつきあいを広げていく。**それがいつか大物へのパイプを生んでくれるかもしれない。無理や我慢より、好きなこと、得意なことをやったほうがいいのだ。

●「無理しないこと＝甘え」じゃない

ビジネスパーソンには異動がつきものだ。時には、それまでとまったく違う部署に配属されることもある。

入社後数年の若い頃なら上司や先輩に頼って育ててもらえばいい。

しかし30代以上だと、そうはいかない。そこで、必死になって新しい仕事に関する勉強をする。

そんなとき、最初から難しい参考書に取り組むと、すぐに挫折してしまう。

関連する本や資料、参考書など、簡単そうなもの、面白そうなもの、好きそうだなと思えるものから、スタートするのがいい。そうすると、興味が湧いて、スピーディに読み進められる。そこで、おおまかに理解したうえで、さらに専門性の高いものや、難しい資料に取り組めばいい。そうすれば、挫折もしないだろうし、理解に時間もかからない。

●ラクはすばらしい

道徳的な考え方で、「先憂後楽」がある。

これは、中国・北宋の政治家である范仲淹《はんちゅうえん》がその著書『岳陽楼記』に記した「天下を以て己が任となし、天下の憂いに先んじて憂え、天下の楽しみに後《おく》れて楽しむ」という散文からとったもので、国家を大切にし、立派な人間であるためには、国家について常に人より先に心配し考えて、楽しむのは人より後で、という意味だ。

しかし、私は、このやり方では仕事では成功できないと思う。

楽しいことや得意なこと、あるいは、簡単なことから始めたほうが、スピーディに進められるし、結果も出しやすい。

ノリもよくなるから、苦手なことや難しいことにも、手をつけやすくなる。

そうやって勢いを増していけば、かなりの成果が出せる。

これは、脳科学の知見からも示唆されることだ。

画像診断の技術が進歩して、いろいろな行動をするときの脳血流がわかるようになったのだが、**人間が何かをやるときは、楽しくノッているほうが前頭前野の血流が増える**という結果が出た。さらに、このようにノリのいい状態でやった後は、思考力や単純記憶力が増すことも立証されたのだ。

動ける人間、仕事のできるビジネスパーソンを目指すなら、「先楽後憂」がいちばんだ。

基本は「時間内に終わらせる」

●タイミングを読みすぎて、タイミングを失う

運が特別にいい人は、努力しなくても成功できる。タイミングを上手につかめる人も同様だ。

同じことをやっても、タイミングが良いか悪いかで、評価に格段の差が出る。

ダイエットに関して、おもしろい話を聞いた。

普通は、体重を減らしたいと思ったら、食べる量を減らしたり、カロリーを制限したり、炭水化物や脂肪など太りやすいものを減らす、あるいは運動を増やす。

ところが、クロード・ショーシャさんに言わせると、**ダイエットの成功のカギは食べるタイミング**にあるのだそうだ。

ショーシャさんはフランス人で、世界抗加齢医学会の副会長を務めるようなアンチ・エイジングの権威なのだが、ダイエットに適したタイミングで食べるには、日本

料理がベストなのだという。懐石や会席料理など、日本のコース料理は、突き出しから始まり、さまざまな料理を食べた後、米・味噌汁・香のもの・水菓子で締める。炭水化物である米が最後というところが、タイミングのよさなのだそうだ。

クロードさんの故郷のフランス料理のコースでは、テーブルに着くとすでにパンが置かれている。そして、前菜やスープと共にパンを最初に食べる。

イタリア料理のコースでは、パスタは前菜と同様の扱い。やはり、最初に出てくる。このように炭水化物を最初に食べると、インスリンが大量に出て、食べ物の吸収がよくなってしまうし、血糖値が上がらないから食がどんどん進んでしまうのだそうだ。

そのあとに食べる肉や魚の栄養は、脂肪を含めてかなりの高率でとりこんでしまう。

日本料理は野菜や肉、魚を食べて、少しずつインスリンが出て、最後に米を食べるから、さほど吸収率は高くないし、主食を食べる頃にはお腹がいっぱいになった感覚になる。だから太らないのだそうだ。

ちょっと話が横道にそれてしまったが、内容は同じでも順序が違うと、そのタイミングがいいか悪いかで、結果は大きく違う。

以前、医師の働きすぎをテーマにしたコマーシャルが放映されていたことがある。妊婦を見守る産科医は、自分自身が妊娠したときは、自らをいたわる余裕もなく、1日に10時間以上働き続けるという内容だ。

実際、産科医に限らず、日本の医師は働きすぎた。

昔、どんな救急患者でも引き受ける病院で働いていたことがあるが、ハードワークの度が過ぎる。ほとんど休憩をとらず、働き詰めである。当直勤務のときなど、30時間以上働き続けるケースも少なくなかった（まだ若かったのでそれなりに勉強にはなったが）。

しかし、アメリカに留学し、現地の病院で研修を受けて、その環境の違いにびっくりした。

アメリカの病院では、医師たちが、意識的に休む。

仕事中でも定期的に休憩を入れるのが慣習で、たいていは、**50分働いて、10分くらい休憩**をとる。日本の小学校のカリキュラムと同じような時間の流れだが、そのほうがいい仕事ができるからだという。

休憩を入れずに何時間も働き続けると疲れがたまり、ミスが出る確率が高くなる。

だから、自分のためだけでなく、患者さんのためにも、定期的に休みを入れたほうがいいというのだ。

たしかに、休みなく働き続けるトラックドライバーが居眠り運転をしたり、残業続きのビジネスパーソンが突然死やうつになったり、休みのタイミングを逃して悲劇を招くケースは多い。

どうしたら、タイミングを上手につかめるのか、タイミングよく物事を進められるのだろうか。

それには、**タイミングを読みすぎないことも必要**だと思う。

私は年に4回、アメリカに勉強に行

［日本の医師は休みなしで働きすぎ！］

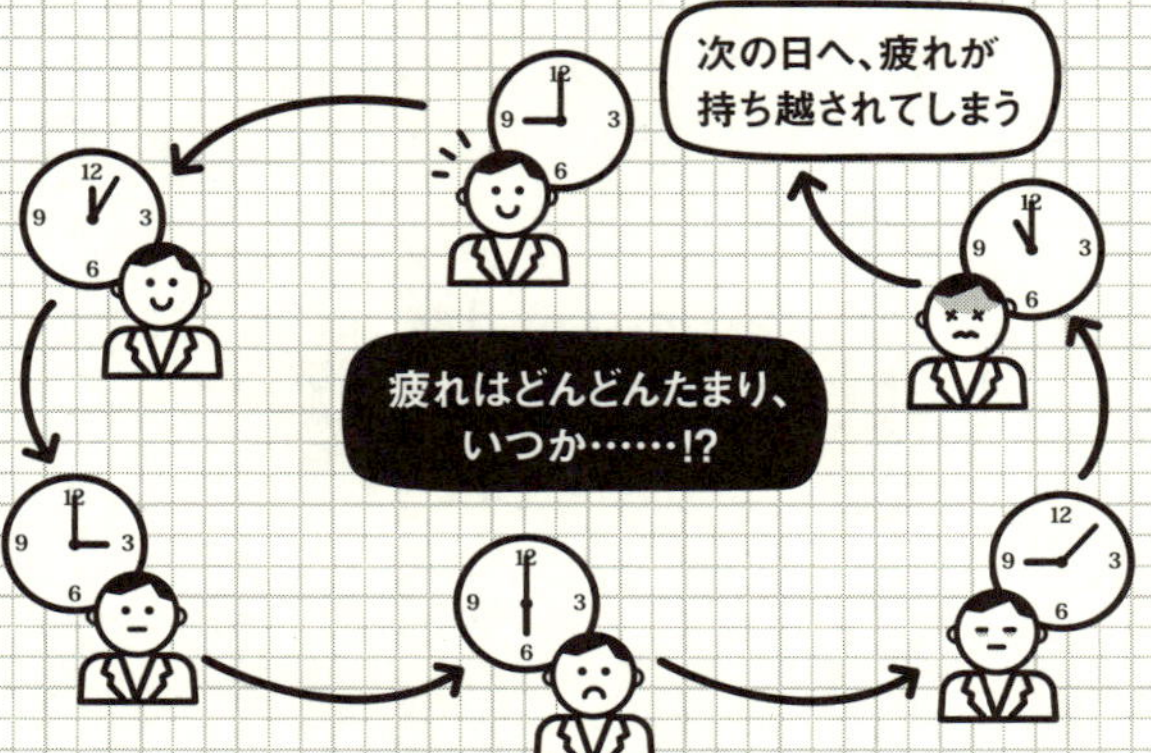

次の日へ、疲れが持ち越されてしまう
疲れはどんどんたまり、いつか……!?

く。

目の前にさまざまな仕事が山積みになっているから、タイミングを読んでいると、いつまでたってもきりがない。

そこで、まず、**アメリカへ行く日程を決めてしまう**。そこからさかのぼって、出発日までにすべての仕事をこなす。

こうすると、滅茶苦茶なスケジュールでも、不思議と仕事を完了することができる。集中力が高まり、生産率が上がるからだろう。

●毎日、原稿用紙200枚書く、私の弟

私の弟は、地方の検察官をやっていたことがあるが、当時、原稿用紙にして40～50枚の検事調書を、毎日5、6件くらい書いていたそうだ。

合計すると1日原稿用紙200枚を超える。事務官が話した内容をタイプで打ってくれるそうだが、2日で1冊、本を書いているくらいの量にはなる。

それでも、睡眠時間だけは絶対に削らなかったそうだ。

弟は睡眠不足に弱く、受験を控えた高校生の頃でも、毎晩10時には寝ていた。大人

になっても体質は変わらないようで、睡眠不足になると、てきめんに能率が落ちてしまうのだそうだ。

だから**睡眠時間はたっぷり確保しているのだが、そのおかげで仕事の効率はキープできる。**人からは激務に見えるが、毎日、時間内に仕事を終わらせることができている。自分なりのタイミングをつかみ、上手に時間を活用することは、能率アップには欠かせない要素なのだろう。

●時間オーバーになったら0点と同じ

受験の合否は、取得点数で決まる。

たとえば、公認会計士の資格を取得するには、数日間にわたり、会計学や租税法、企業法、監査論、管理会計論、財務会計論など、いくつもの科目を受験する。どんなに各科目に精通していても、答案用紙に正解を記入し、それがポイントにならなければ、不合格である。

資格取得をはじめ、中学や大学受験でもよくやりがちな失敗は、時間配分だ。最初のほうの問題で引っかかり、時間が足りなくなってしまう。後のほうには解ける問題があったのに、その設問を読むことすらできなかった。地団太踏んでも後の祭り、半年後、1年後の受験まで、その間の時間を棒に振ることになる。

合格点に1点足りなくても、1問も解けずに0点で終わっても、「不合格」にはかわりない。

逆に、合格点ぎりぎりでも、百点満点でも、合格すれば、その資格で新たなるビジネスチャンスが生まれる。

時間オーバーになったら、0点の人と同様に不合格になる。

だから私は、受験の際、問題用紙が配られたら、できない問題は飛ばして、できることからやるようにと指導している。

●仕事が「どんどん片付く」コツとは？

試験会場だけに限ったことではない。

これは会社でも同じだ。

仕事にも、試験と同じように制限時間がある。就業時間内にその日の仕事を終わらせられなければ、残業をするか、翌日に繰り越すしかない。

でも、残業をすれば疲れるから、能率が落ちる。だからといって、残った仕事を翌日に繰り越せば、その分だけ、さらに時間が削られる。昨日の分を昨日中にできなかった人が、今日1日で2日分近くの仕事をこなすのは難しいだろう。今日の分は手がつかないまま翌日に繰り越され、どんどん仕事は山積みになっていく。

受験の際の時間配分と同様に、毎日の仕事でも、時間配分の失敗は許されない。たちまち、「デキない社員」のレッテルが貼られてしまう。

ましてや今は、企業が経費節減のために残業を減らす方向で動いている。サービス残業が労働基準監督署などにばれると、担当者や上司が刑事責任を問われる可能性も大きくなったので、それもやらせたくない。

要するに就業時間までに仕事を終わらせられない人間は残業代泥棒か、仕事をいつも残す奴のレッテルを貼られる。

そこで私は、**食べ物と同様、仕事も好きなことから手をつける**ことをおすすめする。好きなこと、得意なことは、やっていて楽しい。気分がノッていくから、思いがけないスピードで進んだり、実力以上の力を発揮していい成果も得られるだろう。ますます気分はよくなり、効率も上がるだろう。

ところが、嫌いな仕事や苦手な仕事では、こうはいかない。他の人にとっては簡単なことでも、とてつもなく難しく感じたり、ちょっとしたことに引っ掛かったり。テンションはどんどん下がっていくから、ますます効率が悪くなる。

その結果、時間をロスするばかりで、進まない。タイムオーバーで、翌日にたくさんの仕事を繰り越してしまう。

そんな失敗をしないためには、できることから順次、片付けていくことだ。

10の仕事があり、そのうち3は苦手な仕事だとしよう。

そんなときは、得意な7をまず片づける。

7の仕事に7割の時間をかける必要はない。

得意なこと、好きなこと、できることなら、スピーディに進められる。

そうやって**午前中に7の仕事を終わらせてしまえば、午後じっくり時間をかけて苦手な3をこなせばいい**のだ。

この、できることを短時間でやるというのも、優秀なビジネスパーソンに欠かせない要素だ。

[得意な仕事をサッサと済ますとすべてうまくいく]

AM
どんどん片付く仕事
得意なコトだから
スラスラ……
あいつ、デキるなぁ
PM
結果的に
片付いた仕事は
たくさん
苦手だけど、じっくりやるぞ…
先輩に質問する時間も
確保できそうだ!
お聞きしてもいいですか?
ああ! なに?
よくやって
いるなぁ

●ある官僚の「好きなことだけ」仕事術

でも、得意なことばかりやっていて、結局苦手なことが終わらなければどうしようと思う人もいるだろう。

ひとつ面白い例をあげておく。

仕事ができることで有名なとある元高級官僚の話だ。

入省当時の新人には、いろいろなところからいろいろな仕事が回ってくる。

毎日、深夜に終わるようなハードな仕事をさせて鍛えていくのだ。

あるときから、開き直った彼は、優秀だとか尊敬できる上司からの仕事や、自分が得意な分野の仕事だけを一生懸命やり、そうでない仕事は後回しにするようにしたという。

すると、優秀な上司からは、仕事ができる奴と思われ、かわいがられるし、そこからの仕事も増えてくる。

いやな仕事を回してきた上司からは、「まだできていないの？」と聞かれるが、「本当に難しくて、先輩のように仕事はできません。先輩はさすがだと思います」などと言っておくと「しょうがない奴だな」とか言われながら、別の人に仕事を回すか、自分でやってくれるものだそうだ。

上司のほうも仕事を終わらせないといけないのだから、当然のなりゆきだ。ところが、優秀な上司のほうの仕事は、同僚たちより時間をかけてやるのだから、出来がいい。

かくして彼はどんどん評価を上げていった。

優秀な上司からみて優秀なほうが、できの悪い上司からみて優秀であるより価値が高いからだ。

いろいろな仕事の分担でも、自分の得意な分野に真っ先に手をあげて立候補するようにすれば、その仕事がゲットしやすいし、苦手な仕事が回ってこなくなる。そのうえ、真っ先に手をあげたのだから、積極的な人間と思われる。

得意分野を先にやるというのは、予想外にいろいろなメリットがあるのだ。

人は苦手分野より得意分野で相手を評価することも忘れないでほしい。

ここ一番に弱い人は何が原因か？

●「自分のこと」ほど、わからないものはない

これまで「できること」をやりなさい、といってきたが、社会人になると学生時代のように科目別の成績がつかないので、自分は何が得意で、何が苦手かを把握していない人も多い。

そういう人は、ポケットに入るくらいの小さなノートを用意して、折々に考えたことや、その日の行動などを記録してみるといい。

これは、大ベストセラーとなったダイエット本、岡田斗司夫さんが著書『いつまでもデブと思うなよ』で提唱されていた、レコーディング・ダイエットと同じ発想だ。

レコーディング・ダイエットというのは、自分が食べたものを記録するだけでやせるという夢のようなダイエット法だが、実際に岡田さんは、この方法で、117kgあった体重を、62kgまで落としている。

約半分の体重になったのだが、見た目には、以前の4分の1くらいにスリムになったようにも見える。

大人ひとり分にも値する55kgもの減量だから、さぞや苦しい思いをしただろうと考えがちだが、実際はそんなこともなく、面白いようにやせていったという。

なぜノートに書き記すだけでやせられたのだろう。

それは、**食べたという自覚をもたず、無意識に食べてしまっていた自らの食事習慣に気がついたから**だ。

3度の食事以外に、ちょこっとお菓子を食べたり、小腹がすいてサンドイッチをつまんだり。お酒も、酔ってくればどれほど飲んだかなんて気にしない。一緒に食べたつまみやラーメンなど、書きだしてみてびっくりする量だったそうだ。

たいていの太りすぎは、カロリーオーバーが原因だ。1日の生活に必要な熱量以上に、食べてしまう。その分が脂肪になり、体に蓄積されていく。

「つらいのを我慢して食事制限しているのに全然やせない」

「水を飲んでも太るタイプなの」

と言っている人のほとんどは、無意識のうちに食べている。食事のカロリーは計算しても、チョコレートやクッキーなどの間食を、無意識のうちに「食べなかった」ことにしてしまっている人も、多いのではないだろうか。

これは、ダイエットだけでなく、仕事にも活かせる。

レコーディング（記録）により、時間をかけたわりに能率が上がっていない部分が見えてくる。そういう分野を後に回して、効率的に時間を使えている部分を先にやるようにすれば、仕事の速さも違ってくるはずだ。

●「本当の自分」が見えてくるノート

スキルアップのためのレコーディング・ダイエット的な記録術。

それは、自分の行動パターンを把握することから、自らの時間の効率がわかるだけでなく、時間の無駄使いをなくす。予想外に、ボーッとしている時間や、時間がたっている割に何もできていない時間がわかるからだ。ここで、どんな解決をしよう、どんなふうに時間を使おうと考えるだけで、仕事の能率がはるかに向上するだろう。

さて、そのためには、まずは実践。

小さなノートを用意して、今日から始めてみよう。

・朝起きた時間、寝起きはよかったか、悪かったか
・起きてすぐ何をしたか
・朝食はおいしく食べられたか
・朝食も食べずに飛び出していったか
・会社に着いたのは何時か

最初は面倒だと思うだろうが、まずは1日記録してみる。
そして翌日もまた記録し、だまされたと思って3日間続けてみてほしい。
禁煙も72時間がターニングポイントだと言われる。
三日坊主という言葉があるが、案外、3日続けられたことは習慣にできる。
がんばって、7日間記録してみよう。
1週間が終わったところで、そのノートをチェックしてみよう。
すると、**サーッと霧が晴れるように、自分自身が見えてくる。**

・どういう条件がそろうと仕事の能率が上がるか、あるいは下がるか
・何時頃ベッドに入ると、翌日の体調はどうか
・ビジネス関係の誰と会ったときはテンションが上がり、誰と一緒のときは下がるか
・どんな無駄にしている時間があるか

自分の得意な仕事、苦手な仕事、好きな人やこと、嫌いな人やことが見えてきたら、しめたものだ。

自分の本心がわからないと悩んでいた人はもちろん、**自分のことは自分がいちばんよく知っていると自信を持っていた人も、思いがけない自分の生活習慣に気づく**だろう。

客観的にそれが見えてくれば、あとは難しいことはない。

仕事の能率が上がることは積極的に行い、能率ダウンにつながっていることはどんどん改めていく。

約半分の体重になるダイエットに成功した岡田氏よろしく、あなたも、無駄な行動や時間をダイエットし、2倍も3倍も仕事効率をアップさせることができるだろう。

習慣 3

他人に頼る

「お願い」できない人は人生で
損をする。
苦手なことは人に頼ろう。
世の中は「頼り頼られ」成立している。

相談相手をもつ

●背中を押してくれるのは誰か？

自分からなかなか動けないなら、人の力を借りるというのも、ひとつの方法だ。躊《ちゅう》躇《ちょ》している自分の背中を押してくれるような人がいればいいのだ。

たくさんはいらない、ひとりでいい。日頃から、相談に乗ってくれる人をもつことをおすすめする。

そもそも、**「あれこれ考えて動けない」ということは、決して悪いことではない。**結果を得たいから、目的を達成したいから、あれこれ考えるのである。

その結果、迷いが生じて動けなくなってしまうのが惜しいところだが、方法としては間違っていない。十分戦略的に行動しているのだと、自信を持っていい。

そして、アクションを起こせれば、さらに可能性は広がる。

そのために、相談に乗ってくれる人をつねにもっておくと、すっと動けるように背中を押してもらえる。

なかなか動けないタイプの人にかぎらず、人間というのは、ひとりで考えこむと、堂々巡りに陥りやすい。

あれこれ思い悩むばかりで、前に進めない。

それどころか、反対に後ろに戻ってネガティブな方向に進んでしまったり、不安感に包まれたりしてしまいがちだ。悲観的なことばかり考えてしまうのも、ひとりで思い悩んでいるとき。

たとえば仕事がうまく進まない場合も、ひとりで解決しようと無理をすると、問題はどんどんふくらんでしまうし、トラブルの原因にもなりかねない。

同僚や上司に迷惑をかけないようにと思ってひとりでやった結果、結局は周囲に迷惑をかけてしまうことになりがちだ。そんなことになるなら、周囲に最初から相談していたら、同僚や上司によって意外に簡単に解決していたかもしれないのだ。

職場の人にはなかなか話せない、というのであれば、親しい友人などでもいい。遠く離れて住むおさななじみや、忙しい友人でも、今はメールという便利なものがある。

都合のいいときに読んで返事をくれるだろうから、気遣いも軽くすむだろう。

●口に出すと建設的に考えられる

仕事の悩みでも恋愛でも、相談すれば、何らかのアドバイスをもらえるだろう。

やったほうがいいか、やめたほうがいいか、やるなら、どんな方法があるか。場合によっては、相談相手が何らかの手助けをしてくれるかもしれない。

自分ひとりで考えずに人に相談することのメリットは、まず、それが実行

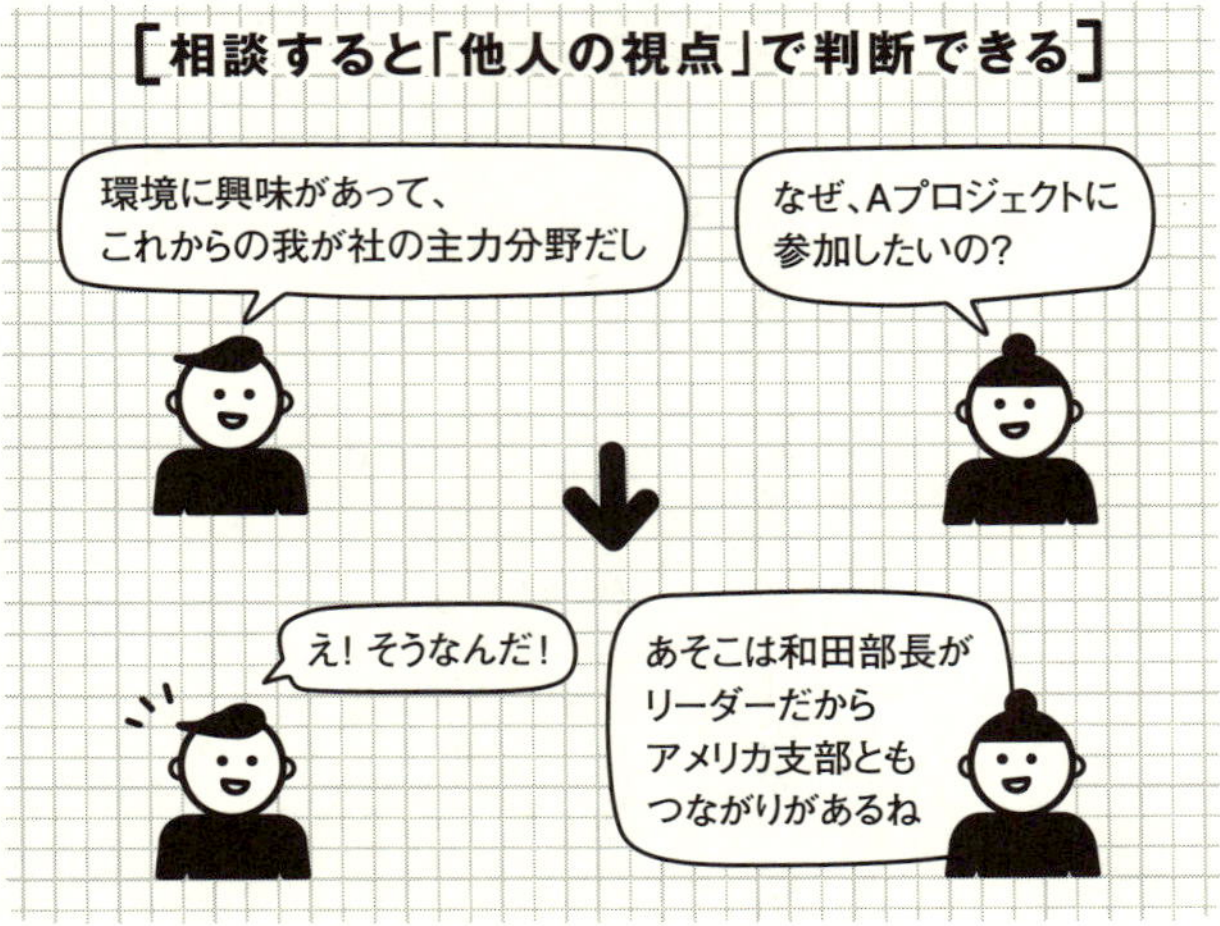

［相談すると「他人の視点」で判断できる］
なぜ、Aプロジェクトに参加したいの？
環境に興味があって、これからの我が社の主力分野だし
あそこは和田部長がリーダーだからアメリカ支部ともつながりがあるね
え！そうなんだ！

可能なことか、無謀なことか、**自分とは別の視点で判断**してもらえることである。

たとえば仕事でステップアップや起業を目指すにしても、そのことに夢中になってしまうと、意外とリスクを見逃しやすい。第三者が、岡目八目《おかめはちもく》で見れば当たり前なことも、当の本人には見えなくなってしまうことも多々あるからだ。力づけながら背中を押してくれるか、あるいは肩をつかんで止めてくれるか、人任せにしたほうがよいこともあるのだ。

もうひとつ、ここには重要なポイントがある。

それは、**人に話す時点で、自分のなかでその問題を整理できる**こと。

相手にどう話すか整理することで、ふっと霧が晴れることもある。

さらに、他人に話している途中で、その案件について、建設的に考え、対応できるように変化していく場合が少なくない。

●挑戦したいから、悩む

会社である大きなプロジェクトがスタートすることになり、希望者を募っているとしよう。あなたが日頃から興味を持っていたジャンルの案件で、いずれはその方面の資格もとってスキルアップにつなげたいと思っていた。

でも、リスクも大きい。

今の部署で普通にがんばれば、それなりに出世ができる環境にある。リスクを背負ってまで苦労する必要はあるのか、もし失敗したらこの会社での将来はなくなってしまうのではないか……。

考えれば考えるほど迷ってしまう。決断できないから、期日は迫っているのに動けない。

そんなとき、誰か他人に話してみる。

社外の友人でこまかい事情がわからないとしても、その人はさまざまな条件を踏まえて、何がベストか考え、あなたにアドバイスをしてくれるだろう。

でも、それだけではない。

他人に話した、という時点で、実はあなたの答えは決まっている。
挑戦したいから、悩んでいるのだし、迷うのだ。

本当は立候補したい、リスクを怖がって今引いたら、きっと後悔する。でも自分ひとりで決断するのは怖い。誰かに背中を押してもらいたい。

本音はそこだ。

恋愛だって、同じだ。告白するかどうか、他人に相談した時点で、すでに告白したのも同然なのだ。

仕事も恋愛も、ハードルが高いほど、それをクリアした後の成果も大きい。そのために飛翔する、その背中を押してくれるのが、相談に乗ってくれる他人なのである。

●一歩下がるときの見極め方

そして、そういう誠実な相談相手が本気で反対するなら、ここは一歩下がっていい。応援してくれるような人があえて反対するなら、それなりにしっかりした理由があるはずだ。

将来、そのことを実行に移すにしても、今はいったん棚上げして、より現実的な作戦を練ったほうが成功の確率が高いということだろう。

本当はやりたいことだったら、反対されるとその人を説得しようとするかもしれない。

そこで**説得材料を見つけるうちに、自分の長所やできる可能性も見えてくる。**逆に相手の反対する理由を話してくれるだろう。これも、自分が気づかなかった落とし穴をみつけるチャンスになる。

最終的な実現に向けてということを考えれば、相談してアドバイスをもらうことは賛成して背中を押してもらっても、反対されても自分の実になることは多いのだ。

有言実行がいい

●北島康介が金メダルをとったときの心理

2020年には、東京オリンピックの開催が決定されたが、水泳選手・北島康介さんのオリンピック金メダル獲得には、ひじょうに興奮した記憶がある。

北島さんは2004年のアテネオリンピック男子平泳ぎ100mで金メダルを獲得し、「チョー気持ちいい！」という流行語を生みだした。

続く平泳ぎ200mでも金メダルに輝き、2冠を手中にした。4年後、水着問題をはじめさまざまなプレッシャーを跳ね飛ばし、北京オリンピックで男子100m平泳ぎで世界新記録で金メダルを獲得、200mと共に2大会連続2冠を達成した。幸運なことに私は、アテネオリンピックに招待され、表彰台で金メダルを授与される北島さんを、目の前で見た。

2大会2種目2冠を制したことで、北島さん及び、そのスタッフである「チーム北島」に、世間の注目が集まった。

誰の発言だったか明確ではないが、チーム北島では、戦略として、**勝つことだけを考えるという心理学のアイデアを取り入れたら**、記録が伸びたというような話を聞いた。マイナスの思考や負けを考えると、脳と体の連結を妨げ、マキシマムな力を出せないから、勝つことだけ考えて試合に臨むというのだ。

旧来の心理学や脳科学の理論からいくと疑問を感じさせる発想（もちろん、昔からプラス思考の効用を訴える学者もいるが）だが、これは**意外に正しいかもしれない**と思った。

●自分の脳から「引き出す」技術

脳科学者の茂木健一郎さんとお会いした際に、脳のアウトプットの回路が大きな研究テーマだというお話をうかがった。

そのとき私は、「なるほど、それは旧来の脳科学の研究より、はるかに筋のいい発想だな」と即座に思った。

とどのつまり、**脳の実用性能は、このアウトプット能力に規定される。**

同時に、脳については解明されていないことが多いので、仮に生化学的なミクロの知見が出ても、脳全体にどれだけの影響をもつのかが、あまりに予期不能だ。

実際のところ、脳のハードディスクとしての容量は想像以上に大きく、脳が記憶していないのではなく、引き出せないことが問題であり、それが能力やテストの点数を決定するというのは定説になりつつある。

たとえば、幼児期の記憶にしても、忘れた（記憶が消えた）のではなく、思い出せなくなっているのである。

私の受験術の暗記数学も、実は、覚えた解法でいかに答えを出すかというアウトプットを重視した勉強法だ。

［大切なのは"インプット"よりも"アウトプット"］
アウトプット中……
インプット中……
Winner!!
脳にとってはこちらがOK!

スポーツの成績であれ、勉強、仕事の能力アップであれ、いかに上手にアウトプットの回路を作ることができるのかが勝負になる。

仕事や勉強というと、ついインプットを重要視しがちだが、北島さん及びチーム北島のこの1件で、**インプットよりもアウトプットのトレーニングがいかに結果を左右するか**、その重要性を再確認した。

あれこれ迷うなら、マイナス思考はすべて排除して、成功することだけ考えて始めればいいのだ。

●声に出して発する重要性

謙虚さが美徳とされる日本では、不言実行なる言葉がある。口に出さず、黙っていても実行するという意味だ。とくに男性は、寡黙だけれど実行するのがかっこいいように思われてきた。

しかし、本当にそうだろうか。

何か目標に向かって進むときは、不言実行よりも有言実行のほうが、より力を発揮するケースが多い。

ここ数年で禁煙に成功した人はものすごい数にのぼるが、そのなかには、まず周囲の人に禁煙を宣言したという人が少なくないと聞く。また、脱メタボリック宣言をして、体重や体脂肪率を落とした人が多いという話も聞いた。

誰にも言わずにひっそり始めて成功すればかっこいい。でも、えてして、思うように進まなかったとき、ひっそりやめてしまいがちだ。

北島さんは勝つことだけを考え、金メダルを獲るとマスコミで断言した。その結果、オリンピック2大会2種目2冠を達成した。

ビジネスの世界だって、同じだ。

まず目標を言葉に出す。成功を信じて、全力で取り組む。

それが、いちばんシンプルで効果的な手法ではないだろうか。

●「○○になりたい」を発信して味方を増やす

言葉には言霊《ことだま》というパワーが潜んでいるという説もある。そういった観念的なことを別に考えても、言葉には力があると思う。

言葉に出すことで、自分の動機づけなども、より強くなる。

決心がくずれそうになったときも、もう言ってしまったのだから、とふんばる。

また、周囲も何をどうしたいかというあなたの言葉をはっきり聞いているから、応援し、サポートしてくれる。

もちろん、それがプレッシャーになることもあるし、嫉妬したり邪魔する人もいるかもしれないが、はっきり言ったほうが味方が増えるのは確かなことだ。

黙って、こっそりがんばっていたら何もわからないが、具体的に目標を表明することで、周囲の人が、「こうしたらいいんじゃない?」「こんな方法もあるよ」と、成功への後押しをしてくれるものだ。

私が高校生の頃からの夢だった映画監督になれたのも、日頃から「映画を撮りたい」と口に出してきたからだと思う。

いよいよそれが実現しそうだというときには、林真理子さんや清水圭さんをはじめ、多くの方が、力を貸してくれた。

具体的な言葉にして発信することで、思いは伝わり、多くの力をもらえる。1本撮ったあとは、さらに多くの人が映画についてアドバイスをしてくれるようになった。有言実行こそ、チャンスの宝庫なのだ。

甘え上手はトクである

●頼られてイヤがる人はいない

知り合いの営業マンに、まったく正反対のタイプのふたりがいる。

A君は、甘えん坊で、イマドキの若者言葉で言えば、ちょっとチャラい青年だ。そうはいっても、難関を突破して人気企業に入社できたのだから、能力も高いし、一流大学を出ているから人脈も広い。

一方のB君も、やはり一流大学卒。まじめで頑固一徹を絵に描いたような青年で、仮に、先輩が途中で投げ出した仕事を途中から担当させられたとしても、グチひとつこぼさず、コツコツと片づけていくタイプ。

しかも、かなりの完璧主義者である。

ふたりが同じ営業部に同期として入社して3年。

現在の彼らの仕事ぶりはどうであろう。普通に考えれば、まじめでコツコツタイプのB君のほうが、能力を伸ばしていると思うだろう。

ところが、実際は違う。

A君は次々と大きな案件を取りつけ、クライアントの重役などにもかわいがられて、異例の抜擢で大きなプロジェクトの責任者となっている。一方、B君は仕事熱心で毎晩遅くまで残業しているのだが、努力のわりに成果が上がらない。上司に言わせると、「まったく、かわいそうになるくらい、努力が結果に結びつかない」のだそうだ。

その理由は、上司曰く、「Aは人に頼るのが上手、Bは人に頼らず自分で解決しようとする。この違いが、営業マンとして成功するかどうか、決定的な差なんだよ」。

●甘えられる人は心理学的に「大人」である

解説すると、こういうことだ。

A君は、仕事が思うようにはかどらないときや、トラブルが起こりそうになると、すぐ人に頼る。

同じ部署の先輩に頼んで手伝ってもらうこともあるし、他の部署の知り合いに、誰か力になってくれる人を紹介してくれないかと、頼む。

[甘えられる人は結果的にトクをする]

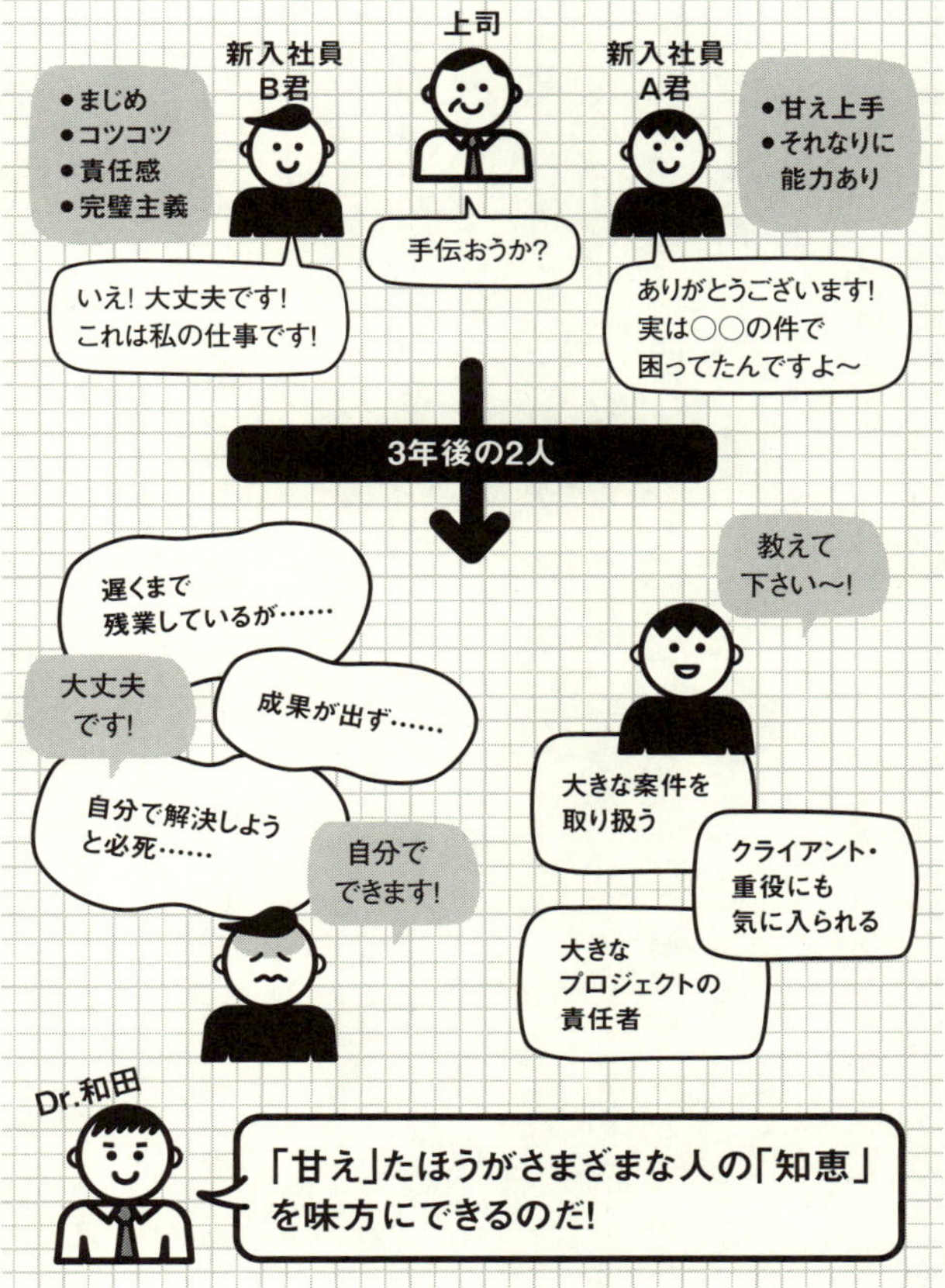

上司
新入社員
B君
新入社員
A君
●まじめ
●コツコツ
●責任感
●完璧主義
手伝おうか?
いえ! 大丈夫です!
これは私の仕事です!
●甘え上手
●それなりに
能力あり
ありがとうございます!
実は○○の件で
困ってたんですよ〜
3年後の2人
遅くまで
残業しているが……
大丈夫
です!
成果が出ず……
自分で解決しよう
と必死……
自分で
できます!
教えて
下さい〜!
大きな案件を
取り扱う
クライアント・
重役にも
気に入られる
大きな
プロジェクトの
責任者
Dr.和田
「甘え」たほうがさまざまな人の「知恵」
を味方にできるのだ!

ちょっとやってみてできないことは、すぐに無理だと判断して、誰かを頼る。それがまた、憎めない頼み方なのだそうだ。そもそもが甘え上手なのだろう。頼られた人は、「まったく、もう研修生じゃないんだから。これくらいのことをひとりで解決できないようでは、ビジネスマンとは言えないぞ」とか叱りつけながらも、いろいろ手を貸す。

一方のB君は、はたから見ても心配になるくらい、がんばる。

仕事が難航しているのを見かねて、「手伝おうか」と助け船を出しても、「いえ、先輩も忙しいのに、迷惑はかけられません。これは私の仕事ですから、自分で解決します」と、丁重に断る。優等生の見本のような対応だ。

しかし、優秀とはいえまだ入社3年目である。できない仕事もたくさんあるし、また、人脈もない。気軽に周囲に質問したり、難しいと思ったら頼ればいいのに、それをしない。だから、問題はいっこうに解決せず、仕事は片づかない。

そんなことを繰り返して3年。

A君は、頼れる先輩やかわいがってくれるクライアントがどんどん増えていった。それらは、彼の人脈として広がっている。また、会社とは関係ない学生時代の友人や先輩、趣味の仲間などにも、仕事で何か力になってもらえそうなことは、どんどん相談する。そこで新たなネットワークを広げていく。

一方のB君は、何もかも自分でやり抜こうとがんばり続けるわりに、能率が上がらない。毎晩遅くまで会社に残り、心身ともに疲れ果て、休日は睡眠不足を補うだけで終わってしまう。仕事もままならない上に、人づきあいをする時間もない。このままいったら、数年後、B君は体調を崩してしまうだろう。

がんばることはすばらしいが、人の力を借りれば何倍もの成果が得られる場合が多い。

ひとりで完璧を目指さず、人に頼っていいのである。

自分の能力の限界を知り、その際に人に頼ることも含めて、どうすれば結果がいいかを考えるのは、立派な「メタ認知」である。つまり、それができるほうが心理学的に大人であるし、能力も高いのである。

●泣きつきの天才、相米《そうまい》慎二監督の話

三枝成彰《さえぐさしげあき》さんは、日本を代表する音楽家のひとり。

オペラから映画音楽まで、幅広い創作をし、世界的な名声を誇っている。日本はもちろん、海外からの仕事の依頼も多い。

多忙を極める人なので、仕事も選ばなくてはならないが、その三枝さんが、どうしても断れなかったというのが、映画監督の相米慎二さんからの頼みだったそうだ。

相米さんは、中央大学法学部を中退して映画の世界に飛び込み、薬師丸ひろ子さん主演の『翔んだカップル』で映画監督としてデビュー。続いて、『セーラー服と機関銃』を大ヒットさせ、たちまち有名になった。一般の映画ファンのみならず、作家や映画関係者など玄人筋からの評価もひじょうに高く、その後数々の名作を撮ったのだが、惜しくも53歳で夭逝《ようせつ》してしまった。

三枝さんは、『魚影の群れ』『台風クラブ』『光る女』など、相米さんの映画音楽をたくさん作っている。

もちろん、相米さんの才能を高く評価して引き受けたのだが、仕事としては毎回、大赤字だったという。それでも、また次を頼まれると断れない。

三枝さんに言わせると、相米さんは泣きつきの達人なのだそうだ。

映画の撮影が終わると、三枝さんのところに音楽を頼みにくる。そのときはいつも、

「あと予算が5万円しか残ってないんですが、どうしても三枝さんに音楽を頼みたいんです。お願いします！」

　おそらく実際のセリフはもっと泣きつき上手なのだろうが、とにかく実に巧妙で、断れないのだそうだ。新しい映画への熱意や諸々、泣きつき上手で甘え上手、心の底から三枝さんを頼りきっているふうだから、断れない。

　結局、大赤字を出すのがわかりながら、忙しい時間を削って、音楽を創る。

　しかし、こういう泣きつき上手だから、限られた予算で、映画の現場で予算を使いたいだけ使って、音楽まで一流の人に作ってもらえる。そして、完成した映画はすばらしいものになるのだ。

　実は、人のことを言えなくて、私も1本目の映画も、2本目の映画も、三枝さんにノーギャラで音楽を作ってもらった。人間関係は本当にすばらしいと思った（私にも多少は泣きつき上手なところもあったのだろう）。

　ただ、あまりにすばらしい音楽だったので、ミニオーケストラを三枝さんに呼んでもらい、CBSソニーのいちばん大きなスタジオを借りたこともあって、予算以上にお金はかかってしまったこともある（それでも普通に頼むと、同じ内容で3倍以上のお金——1000万円を超えるという)。

映画も一般的なビジネスも、何もかもスムーズにいくことはない。どこかで滞ってしまったら、人に泣きついてでも動かさなければ、進展しない。20代、30代で大成功した起業家の多くもしかり。

最初から独立独歩な人が起業できるわけではない。むしろ、人に頼ることが上手な人ほど、独立できる可能性も高い。経営者もビジネスパーソンも、困ったときに人に泣きつける甘え上手であることが、成功条件のひとつなのだ。

「もう一押し」ができない

●あのとき、自分の気持ちを伝えていたら

あれこれ考えて動けない人の多くは、終わったこともあれこれ考え続けてしまいがちだ。

頭では、即座に動いて、心残りの内容に全力を注ぎ、また次の行動に移るのがいい、とわかっている。

でも、実際はそれとは反対のことをやってしまう。そして、

「あのとき、もう一言、自分の気持ちを伝えられたら」

「もしかしたら、あと一歩踏み込んでいれば、結果は変わっていたのかもしれない」

このように、あれこれ考えてしまう。

たしかに、片想いの彼女に、もっとストレートに気持ちを伝えていたら、もしかしたら両想いになって結婚していたかもしれない。

あそこで引き下がらずに、もっと強く自社製品を売り込んでいたら、大口の契約が取れたかもしれない。

もっと派手な演出で見せたら、クライアントへのプレゼンテーションは大成功を収めたかもしれない。

たしかに、「かもしれない」。

でも、**結論は出たのだ**。あれこれ考えるのは、もうやめたほうがいい。

●動いてこそ「結果」が出る

これなら絶対にうまくいく、上司もすぐにGOサインを出してくれるだろう、という仕事のアイデアを思いついたとしよう。

それを実現するには、まず企画書を作って、上司に提案する、あるいは、部署の会議にかける。何かアクションを起こしてこそ、次へと展開していくものだ。

それに必要なのは、スピードである。

これに有効なのが、まず声に出してみることだ。とりあえず上司に、

「取り上げてほしい企画があるんです。まずは文書で提出しますから見てください！」

と言ってみる。

すると、もう後戻りができなくなる。その日やらなければならない業務を終えたあなたは、そのまま会社に残り、パソコンに向かって企画書を一気に仕上げるだろう。

そして、翌朝、上司に提出する。

あなたのその行動力は、企画書の内容うんぬんの前に、上司にインパクトと、いい印象を与えるだろう。

しかし、そのことを口に出さずに進めたらどうだろう。

上司に言う前に、企画書を作らねば、と考える。

頭のなかでは、さまざまなプランやコンテンツが浮かんでいるのだが、その日やらなければならない仕事に忙殺され、集中して考える時間がない。そこで、ついつい後回しにしてしまうのだ。

まだ上司に伝えたわけではないのだから、急ぐ必要はない。

目の前の仕事をきちんとしないのに、企画書なんて出したら、目を通してくれるどころか、上司に叱り飛ばされるのがおちだ。まずはこの仕事を終わらせて……。

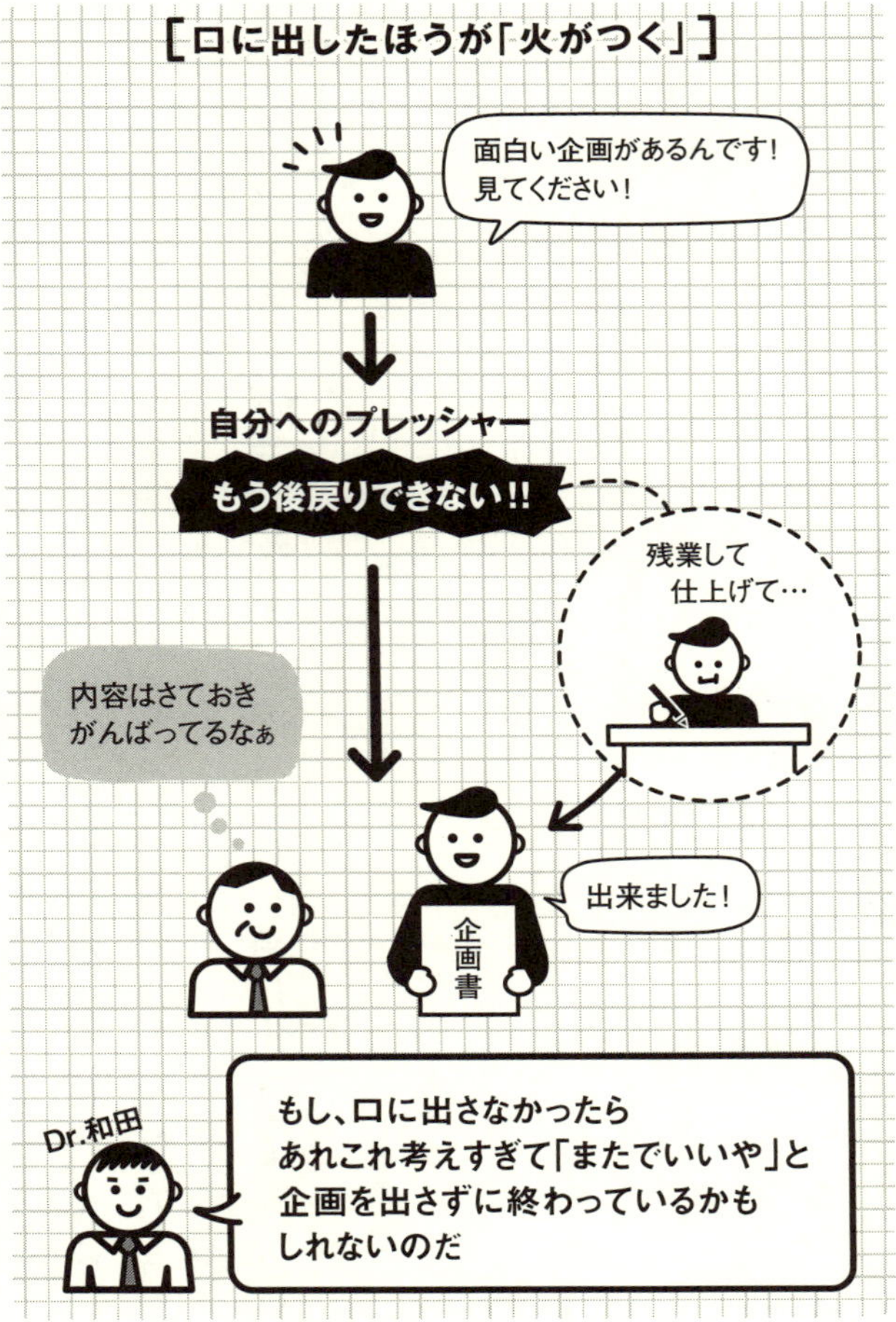
[口に出したほうが「火がつく」]
面白い企画があるんです!
見てください!
自分へのプレッシャー
もう後戻りできない!!
残業して
仕上げて…
内容はさておき
がんばってるなぁ
出来ました!
企画書
Dr.和田
もし、口に出さなかったら
あれこれ考えすぎて「またでいいや」と
企画を出さずに終わっているかも
しれないのだ

そう考えているうちに、だんだん自分のアイデアに自信がなくなってくる。最初はすごいアイデアだと思っていたのに、あれこれ考えているうちに、さまざまな不足点が見えてくる。リスクもありそうだと心配になってくる。

そうこうしているうちに、積極的に何かやるよりも今のまま、与えられた仕事だけやっていたほうがいいように思ってしまう。

結局アクションを起こさずに終わってしまう。

いろいろ考えてすっかりあなたは疲れてしまっているのに、上司は何も知らない。

企画をたくさん出す人のほうが、仕事ができるように思われる、少なくとも意欲があるように思われるのに、である。

こんな経験はないだろうか。

思いついたらまず、誰かに話す。

それが、自分で自分の背中を押すことになることが多いのだ。

一匹狼は動きが鈍い

●「お願い」できない人は損をする

起業やビジネスで成功するのは、ネットワークは持っていても、基本的には一匹狼タイプだと考える人が多い。

以前、私の講義を聞きに来た青年に、「ひとりでは何もできない自分のようなタイプは、一生、うだつのあがらない平社員でいるしかないだろう。どうやったら、そんな人生を変えられるのでしょうか？」

と、質問されたことがあった。

しかし、これは大きな間違いである。

天才的な芸術家や、『ゴルゴ13』のような劇画の主人公ならそれもありかもしれないが、一般的な社会では、孤高の人間は何もできない。

人はつねに誰かとつながり、お互いに助け合って生きているのだ。

起業やビジネスで成功する人は、仕事上の人脈だけでなく、プライベートな素顔が、意外に甘えん坊だったり、やんちゃだったりすることが多い。たいていの成功者は、「お願い」上手なのだ。

逆に、「お願い」下手は、出世が遠のくケースが多いといってもいいだろう。あれこれ考えて動けないという人は、意外とこのタイプが多い。

誤解されたら困るのだが、能力がないとか悪い意味で言っているのではない。人がよすぎるのである。「手伝ってくれないか」とお願いしたいと思っても、迷惑をかけると悪いと、遠慮してしまう。

最終的に人に頼ればいいやと思えるほうが、はるかに動きやすいことは言うまでもない。

また、**自分では大変なことが、別の人にとっては簡単な場合もある。**

あるいは、その人が力になれなくても、問題を解決するための糸口を見つけだしてくれるかもしれない。

たいていの場合、そうやってものごとは動いていくものなのだ。

客観的に考えて、もしあなたが、自分はまわりにお願いできないタイプだなと思ったら、即刻今日から、「お願い」上手を目指すことをおすすめする。

　別に難しいことはない。ちょっとしたことから、口に出してみる。

「今日、一緒にランチ食べない？」

「○○の件で、困ってるんだ。いいアイデアがあったら、教えてくれないか」

　気軽に「お願い」ができるようになると、フットワークが軽くなっていくのを実感するはずだ。今、動きが悪かったり、毎日の生活が息苦しいと感じていたりする人のなかには、一匹狼になりかけている人もいるのではないだろうか。一匹狼は何でもひとりで決めて、すぐに動けるように見えるかもしれないが、**周囲に仲間がいないと**

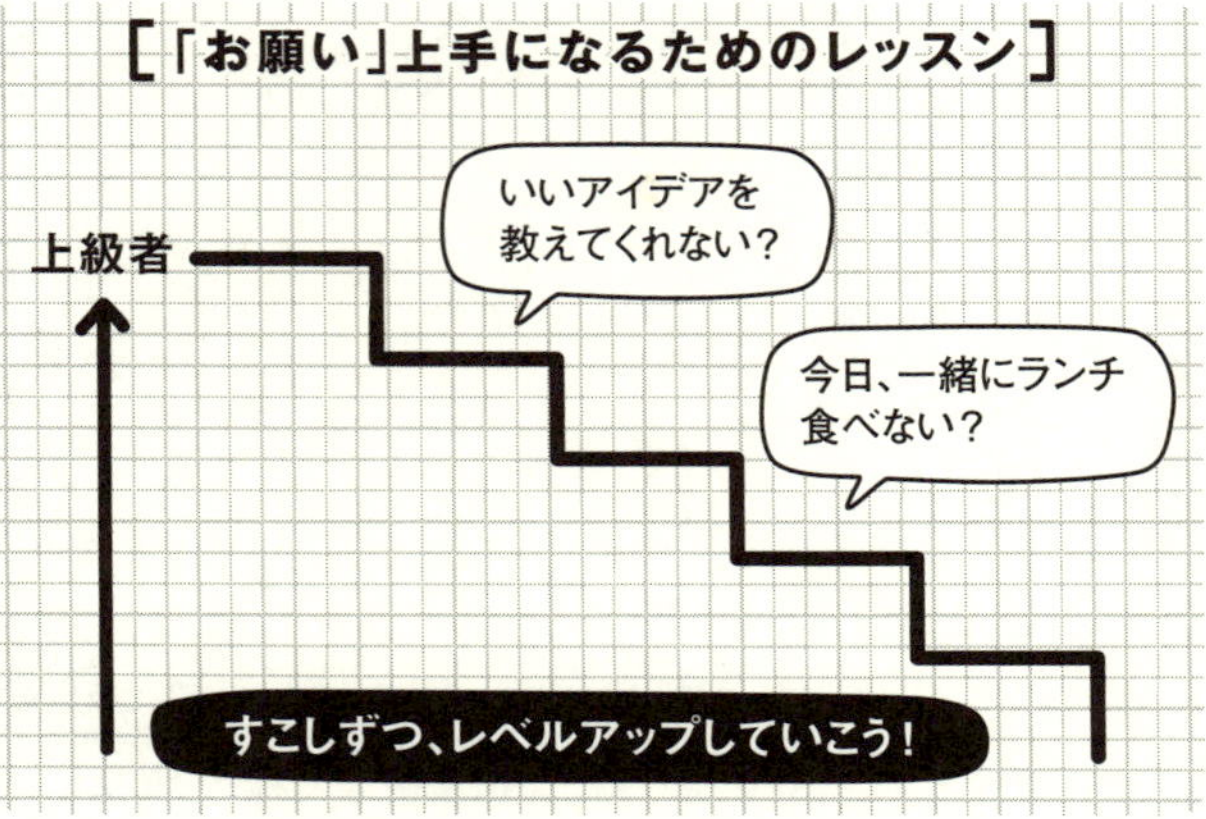

［「お願い」上手になるためのレッスン］
上級者
いいアイデアを教えてくれない？
今日、一緒にランチ食べない？
すこしずつ、レベルアップしていこう！

いうのは、裏を返せば、敵だらけ。

だから、動きも鈍くなってしまうのだ。

●誰かがいれば、思い切った行動ができる

ひとりでは何もできない、誰か頼れる人がいてこそ動ける、ということを、私は失敗を通して初めて知った。

2007年に、私は念願の映画監督デビューを果たした。しかし実は、学生時代にデビューする予定だったのだ。商業映画を撮るほどの資金はもちろんなかったが、16ミリなら低予算でできる。

当時、アルバイトをかけもちしていたので、学生にしてはかなりの収入があった。

それを資金に16ミリ映画を撮り、それなりに目立つことができれば、映画会社の目にとまる。そこからプロの映画監督になれないだろうかと考えたのだ。

早速それを実行に移したのだが、16ミリカメラなどの機材を撮影のたびにレンタルするのは面倒だからと、中古品を探して買い揃えた。

ところが、ここで甘えが出てしまった。

レンタル機材なら、撮影が1日延びれば何万円も高くなるが、自前だから追加料金はかからない。そこでどんどんフィルムを回し、撮影日数が延びてしまった。フィルム代はどんどんかさんでいくし（2分半で2、3万はかかるのだ）、スケジュールの関係で、とうとう役者さんの事務所からも断られてしまった。

映画は頓挫。**大失敗だ。**

道を閉ざされた私は、借りていた映画用の貸衣装の会社の社長さんにこれまでの事情を話した。どうしたらよかったのか、グチのようなことを言ったのだろう。

すると、その人は、私の段取りの悪さを指摘し、「そのままでは一生映画は撮れないだろう、まずは段取りのいい現場で学ぶことだ」と、その会社の衣装の使い走りで、映画の現場のアルバイトを紹介してくれた。

そのまますぐに映画監督になることはできなかったが、その失敗で学んだことは、後に映画を撮る際に大いに役立った。

どうすれば、映画が撮れるかわかっていたから、1億円以上のお金を投資して、自分で映画を作るという決断ができたのだろう。また、映画を作るにあたって、助けてくれそうな脚本家や作家、音楽家などのネットワークが、いろいろな文化活動を行うことで広がっていたからこそ、夢を実現するにいたったのだと思う。

心底感じたのは、失敗しても泣きつく先がある、自分に何が足りないから失敗したのか教えてくれる人がいると知ると、案外、思い切った行動ができるものだということだ。

仕事でも恋でも、ずっと勝ち続けられる人はまずいない。失敗して当然、**できなくて当たり前なのだから、虚勢を張らず、素直に人にお願いすることを体得するといいだろう。**

習慣 4

計画しない

「予定は変わってあたりまえ」
時間がどれだけあるか気にせず、
思いついたら、やり始めよう。

まず考えることをやめよう

●考えるから動けない

あれこれ考えているうちに迷ったり、不安にかられたり、結局は動けないという人が多い。そこでさらに自信喪失して、動けないことに拍車がかかってしまう。

これを解決するのは、簡単だ。

今、考えるのをやめてしまえばいい。

これは、考えるのをやめろということではない。今考えても仕方ないことを考えるのをやめようということだ。

やり始める前に、頭でばかり考えても、結局、やってみて初めてわかることがいっぱいだ。だったら、考えるだけ損。まずは一歩を踏み出したほうが、早い。

参考までに、私が実践している、「考えるよりまず動く」を具体的に紹介しよう。

私の仕事はさまざまだ。

医師として患者さんの診療にあたったり、大学で教鞭をとったり。これらは定期的に、場所や時間が決められたなかでの仕事となる。この他に、講演会で話をしたり、原稿を書いたり、イレギュラーな仕事がたくさん入る。

それぞれに十分な時間をまとめてとれればいいのだが、なかなかそうもいかない。そこで、時間をコマ切れに使って集中するのだが、計算通りに時間が動くと考えるより、先に、とにかく動くようにしている。

たとえば、講演会のために読んでおきたい資料があるとする。急いだとしても、1冊丸ごと読むには2、3時間はかかりそうだ。たまたま大阪や名古屋への出張などがあれば新幹線の中で読む。しかし実際は、そう都合よくはいかない。どこかでまとめて時間をとれないか、と考えるよりも、1ページずつ、とにかく読み進めてしまうのだ。

一般的な活字を読むスピードからすると、本1ページを読むのには、1分あれば足りるだろう。2、3ページで1項目のことが多いから、2分ちょっとできりのいいところまで読める。そこで、**読もうと思っている資料はつねに持ち歩き、1、2分間の時間をみつけては1~3ページ読む**。車や電車、人との待ち合わせ、オーダーしたランチが届くまで、などなど、何もしない数分間の時間というものは、1日のうちに驚くほどたくさんある。それをみつけて活用するのだ。

　これは、勉強にも使える。資格取得などを目指す人にはおすすめだ。過去の問題集などは、短いものなら1問、1分間あればできるだろう。何もしないでいれば消えてしまう1分間も、こうやって活用していけば、どんどん動きだしていくのだ。

　ここで大切なことは、**時間がどれだけあるかを気にせず、やり始めること**だ。

　やり始めてしまえば、そのための時間などいくらでも出てくるし、またそのための時間を探す気になったり、作

［「コマ時間」も積もれば山となるのだ］
まとめて時間がとれたらやろう……
じっくり読みたいから、今度……
1ページだけでも読む!
1問だけでも解く!
Dr.和田
「何もしない数分間」は1日のうちに驚くほどあるんです!

る気になったりするものなのである。

●まじめな人ほど目標が高い

ただ、なかなか動けないという人の多くは、歩き出せた場合も、後戻りをしがちという問題もある。

のろのろとしたスピードだとしても、歩き出したなら、止まらなければ前へと進む。でも、一歩進んでは考え込み、また一歩進もうとしては後ろが気になって振りむいてしまう。前述の例でいくと、やり始めたら、1分でもみつけてどんどん前に進めばいいのに、時間がちゃんと足りているかを気にしたり、細切れで本を読んでもわからないから、すぐに前のページばかり見てしまうというパターンだ。

これが問題なのだ。

何かやり残してしまったことはないだろうかと後ろを気にするより、とりあえず、先を見る。仮に前日にやり残したことがあったとしても、後悔したりクヨクヨ思い悩んだりする必要はない。今日やればいいし、今日できなければ明日がある。

ついつい目標を高く掲げがちだが、そこでつまずかないことが必要だ。目標通りにできなかったとしても、ゼロではない。**「10」予定していてそのうち半分やり残したとしても、「5」はできたということ**である。

まじめな人ほど、目標を高く設定しがちだ。普通にやっていてできるだろうと推定できる量に、もう少しプラスしてしまう。そのほうが、自分を叱咤激励できて、より大きな力を発揮できるのではないかと期待するからだ。

もちろん、少し高めの目標をクリアし、それを繰り返すことで、自分のパフォーマンスを上げていくことができれば、ベストだ。

しかし、実際は思い通りにはいかない。そこで落胆したら、せっかくやったことが無駄になってしまうかもしれない。

びっくりするほどスピードアップできる日もあれば、思うようにいかない日もある。それがあたりまえなのだ。

だから、もしも成果を得られなかった日があっても、がっかりする必要はない。それよりもむしろ、少しでも成果を出した自分をほめてあげる。

そうやって1日に満足し、自分に納得する。それを繰り返していくと、だんだんパフォーマンスが上がっていくだろう。

そう考えれば、高めの目標設定も別の意味が出てくる。

「できなかったのでなく、これだけ高めの目標のなか、半分できたのなら十分！　普通の人にとっては合格レベルの仕事量だ」

こんなふうに思えばいいのである。

できなかったと思うのでなく、高めの目標のなかで、ある程度できたと思えばいいのだ。

意味のない段取りにとらわれない

●実行できないなら「改善」する

考えたら動けない、だから、歩きながら考える。あたりまえのことではあるが、ものごとには、やってみて初めてわかることがたくさんある。

たとえば、企業に入社し、営業部に配属になったとしよう。

研修期間を経て、営業のマニュアルを叩きこまれる。面倒見のいい部署の直属の上司や先輩にも恵まれ、さまざまなアドバイスをもらう。「こうするとうまく営業できるよ」と、教えられた通りにやってみる。

しかし、うまくいかない。

ではマニュアルをやめればいいのか？

それでも私は、マニュアルを活用することをおすすめする。

自分なりに考えた段取りもいいのだが、慣れていないことや不明な点の多いことなどは、まず、既にあるマニュアルに沿ってやってみる。そのうえで、必要ないと感じたことはやめてしまえばいいし、もっと自分がやりやすいように「改善」すればいい。

これからはマニュアルの時代ではないだろうし、マニュアルに縛られる必要もない。

しかし、**既にマニュアルがあるなら、それを利用しない手はない**。何もないところからスタートするよりも、指針があったほうが、絶対にラクなのだ。

きちんと段取りを立てて始めるのに、いつも仕事が思うように進まないという人には、マニュアルを「軽視」している場合が多い。

「ありきたりの方法でなく、自分の頭で考えたオリジナルの方法で、より多くの成果を出したい」

「自分ならもっと効率よく仕事を進める方法を見つけられるはずだ」

こういう考えは正しいのだが、それを実行するにも何らかの指針があったほうがいい。

マニュアルには先人の知恵が盛りこまれている。

それを使ってみてから、自分流を生み出せばいいのだ。

●なぜカウンセリングがうまくいくのか？

精神科医にとってカウンセリングは大切な治療のひとつだが、さまざまなタイプの患者さんがいるのに、どうやったら相手を理解したり、相手がカウンセリングにのってきたり、相手の心の具合がよくなるのですか、と聞かれることがある。

答えは簡単だ。

相手の反応をみながら、さまざまな手法を用いてみることだ。

たとえば、少し話してみると、その人が見えてくる。意外に妄想が深い、根底にさびしさがある、自信のなさを空威張りでカバーしている、などなど。

[「マニュアル＝悪」の発想を捨てなさい]

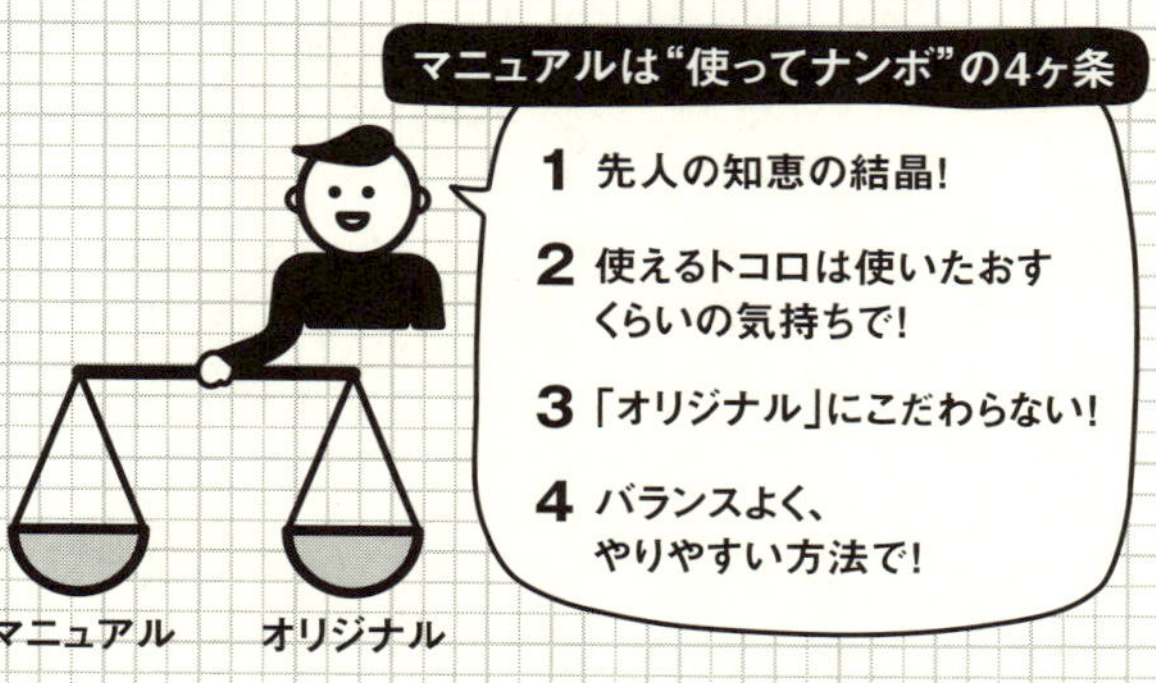
マニュアルは“使ってナンボ”の4ヶ条
1 先人の知恵の結晶！
2 使えるトコロは使いたおすくらいの気持ちで！
3 「オリジナル」にこだわらない！
4 バランスよく、やりやすい方法で！
マニュアル
オリジナル

それに合わせて、話し方や質問などを変えていく。

よかれと思って話したことに、もし相手が絡んできたら、話し方を変えてみる。理論的に相手を説き伏せようとするのではなく、この言い方ややり方はこの患者さんには合わなかったんだなと判断して、臨機応変、別の手法を使ってみるのだ。それを躊躇なくできるカウンセラーこそ、優秀な精神科医や心理療法家だといえる。

●失敗しても「変えられない」のがいちばん悪い

精神科医は、フロイトやユング、ロジャースなど、さまざまな先人の理論や手法を学んでいる。

しかし、優秀な精神科医は、それをそのまま鵜呑みにはしない。

フロイトにこだわって、患者さんを無視してフロイト流をマニュアルのようにしてやろうとしたら、無理が生じる。患者さんが腹を立てたり、具合が悪くなることも多い。それなら理論にこだわらず、この人にはロジャース流のほうがよさそうだと、カウンセリングの姿勢を変えていくのである。

先人の信者になるのではなく、さまざまなパターンやマニュアルを参考に、いろいろ試したり、微調整したりしながら、その場に合った最良のやり方を見つけていく。それが大切なのだ。

逆にまずいのは、やり方をかたくなに変えないことだ。

政治の世界でも、構造改革をやろうとしたら、結果的に格差が広がり、景気が悪くなった。だったら、人間というのは理屈通りにならないと思って、別の方向性を考えればいいのに、日本人は合理的に動かないといったり、改革が足りないといったりする。今のアベノミクスも似たようなことになる気がする。

これではどんどん悪くなるだけだ。

ゆとり教育にしても、実は、２００２年が最初でなかった。１９８０年と92年に２度もカリキュラムを減らしているのに、わからない人間は減らず、学力は落ち続けた。ならば、別の学力対策をすればいいのに、またカリキュラムを減らした。

失敗が悪いのでなく、失敗しても変えられないのが悪いのだ。失敗することで、そこから学び、新たなやり方を試せる人は必ず成功に近づける。

頭のよさや勉強量より、自分を変えられる力のほうが成功のカギなのだ。

スケジュールに縛られない

●「予定」は変わってあたりまえ

マニュアルも段取りも、スケジュールも、あるにこしたことはない。

何もなく思いつきで動いたら、やっていることに一貫性をもてなくなるし、支離滅裂な行動をしてしまうかもしれない。

しかし、**予定は最後まで守り抜かなくてはいけないものではない**。

私の毎日も、スケジュールを決めて始まるが、いざ1日がスタートすると、夜、床につくまで、どう変化するか予測がつかない。

2時間と予定していた対談が、話に花が咲いて1時間オーバーしてしまう。約束していた会食の途中で、共通の知り合いから連絡が入り、食後にバーで合流することになる。時間も場所も随時変わっていく。

でも私は、予想外の出会いや、急に飛びこんできたイベントを、大いに楽しむ。そこでまた、人間関係も仕事も広がっていくことが多い。

ところが、**計画通りにものごとを進めようとするタイプだと、こういう変化に心を乱されてしまう。**

予定時間をオーバーすると、たちまち焦ってパニックになってしまう。その後の仕事や予定が思い通りに進まないだろうと、絶望感に陥ってしまう。するとと、気持ちはどんどん焦ってしまい、効率が悪くなる。その結果、ますます予定通りに進まなくなってしまう。

まずは、「予定は変わってあたりまえ」ということを、自分に言い聞かせることが必要だろう。まじめな人ほど、ものごとを四角四面にとらえてしまう。

予定が変わってしまったら、当初考えていたように、完璧は目指せなくなる。きっと失敗するだろうと、不安にかられて、判断力も鈍ってしまう。

しかし、当初の予定は、あくまで目安なのだ。たいていの予定は変わるし、ものごとは行き当たりばったりでも何とかなる。

「綿密にスケジュールを立てても、なかなか思うように動けないのに、スケジュールが変わったら、ますます動けなくなってしまう」

このような不安がもしあるなら、それは即刻捨ててしまおう。

自分で立てたスケジュールに押しつぶされるなんて、バカバカしい。スケジュールを立てることが自分を縛るのではなく、スケジュール通りでなければならないと思うことが自分を縛っていることに気づかないと、スケジュールという目安さえ利用できなくなってしまう。

●情報があればアバウトでも怖くない

3カ月に1度のアメリカでの勉強をはじめ、仕事やプライベートで、海外に行くことが多い。

おいしいものを食べ歩くことや、めずらしいワインを見つけるのは、私の趣味のひとつだから、海外に行ったら、いろいろ試したい。だから、事前にリサーチし、さまざまな情報を得ておく。行ってみたいレストランやカーヴ、ワイナリー、あるいは観光地などをリストアップし、アクセスなども調べておく。

すると、急に空き時間ができたときも有効に使える。行ってみたかった店で食事をしたり、ワインを飲んだり。あるいは、観光をするのもいいだろう。

たとえば、フランスに旅行していたとしよう。昼間、パリである用事があった。ところがそれが急にキャンセルになってしまう。そのとき、かねてより行きたいと思っていたヴェルサイユ宮殿を観光しようと思う。でも、パリからは遠い。はたして行けるかどうか。

行ってみたいと思っていたなら、事前に、ヴェルサイユ宮殿への行き方を調べておけばいい。パリからどのくらいかかるか、観光に最低でもどれくらいの時間をみたらいいか、情報があれば、キャンセルにより突然できた時間で足りるかどうかがわかる。

スケジュールは、大雑把でもいい。

でも、それが変わったときに、ぱっと切り替えられるかどうかで、人生は違ってくる。臨機応変に動ける人は、毎日がチャンス。さまざまな体験をしたり、新しい出会いがあったり、活動範囲はどんどん広がり、動ける人間に成長していく。まじめで堅物な人ほどそれが苦手だ。

今日から少し、ラフでアバウトな人間を目指してみてはいかがだろう。

情報が多いと混乱すると思うかもしれないが、それは全部使おうとするからだ。

適当でいいと思えれば、情報が多いほど、それを「適当」に利用できるものなのだ。

習慣 5

休む

1週間、何もしない。
すると、不思議なことに、
「何かしたくなる」のだ。

疲れていたら何もできない

●チャレンジする前にまず休む

「和田さんはいったいいつ休んでいるのですか」

このように、よく聞かれる。

診療、講演、執筆、大学の教員など、毎日何人分もの仕事をしているから、眠る時間もないのではないかと、心配してくれる方も多い。

でも、私は実によく眠る。

毎日、昼寝も欠かさない。日課にしている1時間の昼寝と晩御飯のあとの夕寝で、8時間の睡眠時間は確保している。

疲れているときに新しいことはできないし、慣れた仕事であっても、能率はあがらない。しっかり休んで、そのぶん、能率をあげて仕事をこなすというのが、私の方針である。だから、休むために一生懸命働くし、睡眠時間を確保するために、無駄を省いたスケジュールを立てる。
誰もが平等に、1日は24時間しか与えられていない。

やりたいことがたくさんあるなら、睡眠時間を減らすしかないだろうと考えているとしたら、それは短絡だ。眠いのに我慢して、疲れたまま仕事をしても、能率はあがらない。元気なら1時間でできることに、2時間も3時間もかかってしまったら、結局は時間のロスになるのだ。

また映画の話で恐縮だが、黒澤明監督の現場では、基本的に残業はなかったという。あれだけ、映画を撮るのに時間をかける巨匠だが、スタッフや役者に疲れを残していてはいい映画が撮れないと、撮影日数を延ばすことはあっても、1日の撮影時間を延ばすことがなかったのだ。

結局、**仕事の質をあげるには、休むことがそれだけ大事ということ**だろう。私の映画でも、せっかく学んできた段取りをいかして、ほとんど定時で終わるようにした。撮影時間を延ばしても、結果的にいいことがないと思っていたからだ。それがうまくいったと私は信じている。

もしあなたが、将来のために何か資格をとりたいと思っているとしよう。昼間は会社での仕事がある。そこで、大幅に睡眠時間を削って、資格取得のための勉強をする。合格すれば好きなだけ眠れるのだからと、期間限定でがんばる。

はたして、合格できるだろうか。

資格取得でも受験でも、無理に睡眠時間を削ると、能率よく勉強できない。人間が何か新しいことを覚えようとすると、脳の「海馬」という部分にまず取りこまれ、さらに大脳皮質に転送されて定着するというのが、定説となっている。この記憶を固定するためには睡眠が必要不可欠であることが、脳科学の研究で明らかにされている。

つまり、**たくさん勉強しても、しっかり眠らないと、その情報は脳に記憶されずに、消え去ってしまう**ということだ。

さらに、睡眠不足で疲れた状態では、脳も体も、本来の力を発揮することはできない。

当然、能率はどんどん落ちてしまうのだ。睡眠を削って1、2時間の時間を作るより、起きている時間の能率をあげるほうが仕事ができるのだ。

●最低でも8時間は眠る

そんな無駄を省くために、私は毎日8時間の睡眠時間を確保している。

とくに、新しい仕事に挑戦する、未知のジャンルについて学ぶ場合は、まずしっかりと休んで、脳も体も元気いっぱいにしてから、とりかかる。すると、思うように仕事や勉強が進められる。

片想いの相手に告白しようかどうしようか迷っている人にも、まずはしっかり休んで疲れをとってから告白するようにアドバイスしている。

ビジネスも恋愛も、疲れを引きずっ

［「徹夜で仕事・勉強」は無駄である］

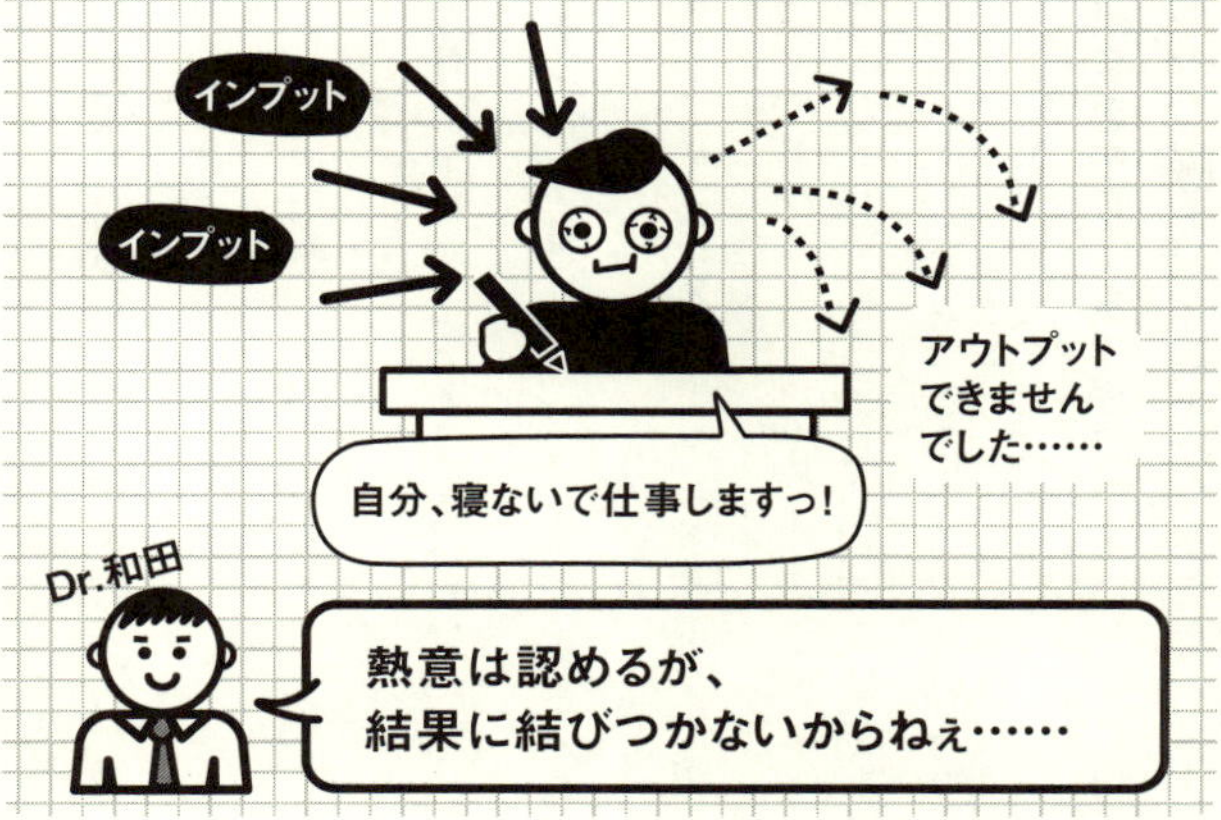
インプット
インプット
アウトプットできませんでした……
自分、寝ないで仕事しますっ!
Dr.和田
熱意は認めるが、
結果に結びつかないからねぇ……

たまま取り組んでも、成功率は低い。

思うような反応が得られなかった場合の、押しが弱くなるからだ。相手の表情が読み取れなかったり、疲れが表に出て、魅力的な人間に見えない。

ビジネスや恋愛がうまくいかなかったら、どこが悪いか考え、他の方法を試してみる。

そのような気力を維持するためにも、しっかり休んで休養をとることは重要だ。

●突然「道からはずれる」エリートビジネスマンの理由

将来の成功が間違いないというような、エリートビジネスパーソン予備軍が、突然、道からはずれてしまうことがある。

企業戦士だったそれまでがうそのようにやる気をなくしてしまったり、本人はがんばっているつもりなのに、仕事の能率がガクンと落ちてしまうことがある。実は「うつ病」をはじめ、なんらかの心の病を発症している可能性がきわめて高い。

本来なら、深刻な状態になる前に、何らかの異変を自覚するはずである。

しかし、日々ストレスにさらされていると、多少の調子の悪さがあたりまえのようになってしまうことがある。

また**気が張りすぎていると、体は危険信号すら発することができなくなる**ことも多い。

疲れがたまりすぎて、風邪さえひけない状態なのに、いざ病気ということになると、発見された時点で重症ということが、実際にあるのだ。

とり返しのつかない状態になる前に、まず休む。

そのためにも、体や心など、つねに自分のコンディションを把握しておくことが必要だ。

そのひとつの指針となるのが、行動力である。

「あれをしたい、これをやらなくちゃ」と思っているのに、なかなか行動に移せなくなった、以前より動きが鈍い、というときは、疲れがたまっていることを疑うべきである。

そして、即座に休むべきだ。

睡眠不足が続いていたら、どこかに時間を作って眠る。ビジネスマンの場合、接待や上司、同僚との付き合いで深夜まで酒を飲まなければならないことも多い。

そんなときは、ランチタイムに昼寝をするのもいいだろう。会社で眠れなければ、カラオケＢＯＸやマンガ喫茶、インターネットカフェを利用するのもいいだろう。

また、疲れをとるために休むのは、睡眠だけとは限らない。メンタルな疲れなどは、むしろ体を動かしたほうが逆に疲れがとれる場合もある。好きなスポーツを楽しんだり、旅行に行ったり。つねにコンディションに留意し、早め早めに休みをとることで、フットワークがよくなっていくはずである。

ただ、それ以上に要注意なのは、不眠だ。

体が疲れているのに、寝つけないというのは、交感神経のテンションが高くなりすぎている可能性があるし、夜中に何回も目が覚めたり、朝早くに目が覚めて、そのあと眠れないというのは、うつ病の兆候の可能性は小さくない。

疲れが自覚できないほうがむしろ危険だ。疲れていると思えたら休めばいいし、休むこともできないと思えば、医師に相談したほうがいい。

楽しい時間を優先する

●スケジュールは休みから埋めていく

自覚はないけれど実は疲れすぎているために動けない、上手に休みがとれないから行動力が低下してしまう、ということは意外に多い。

そんなことにならないために、日頃から、仕事以外の楽しい時間を定期的にとるようにしたらいい。

そもそもが、あれこれ考えすぎる人というのは、それだけで疲れやすい生活を送っていることになる。考えなくていいことまで仮定して心配したり、万が一の場合のことまで気を回したり、動く前にもうへとへとな状態になっている人もいるかもしれない。

そんな人におすすめなのが、和田流のタイムマネジメントだ。

私はスケジュールを立てるときに、まず、**仕事や勉強以外のことから決めていく。**

睡眠時間、休憩時間を確保し、次に、趣味ややりたいことなど、自分の楽しみのための予定を書き込む。

これは、高校時代から続けているタイムスケジュール法だ。

高校3年生だった私にとって、当時もっとも重要なことは、大学受験である。合格しないと映画を撮る夢の実現が遅れると考えていた当時の私は、なんとしても1回で合格したかった。受験に合格するために、何よりもまず、勉強時間を確保しなければならない。

しかし、当時の私が最優先したのは、映画を観るための時間だった。平日は、朝から夕方まで学校がある。

土曜日の午前中も学校だ。今のように曜日や時間におかまいなしにDVDが見られる環境ではなかったから、映画を観るためには、映画館に足を運ばなくてはならない。そこで、土曜日の午後からを映画観賞の時間と決め、手帳に書き込んだ。

すると、空いている時間は、平日の夜と日曜日だけ。

映画を観るという楽しみを優先しているから、残った時間で、最大の課題である受験勉強をしなくてはいけない。もちろん、不合格だったら意味がない。合格できるだけの勉強をしなくてはならない。

　そう思うと、効率的に勉強して、短時間で合格点がとれるだけの知識を吸収しようと、やる気が高まっていく。

　行動もそれについていく。

　また勉強法も工夫する。

　そもそもが、受験を控えて毎週半日を映画に使おうというのがずうずうしい話だが、私なりに、受験生なのに好きなことをして遊んでいるという後ろめたさも多少はあったのだろう。

　日曜日はテレビも見ずに机に向かったし、映画館の行き帰りの車中でも、過去問題集を次々と解いていった。

　その結果、第一志望に合格できた。

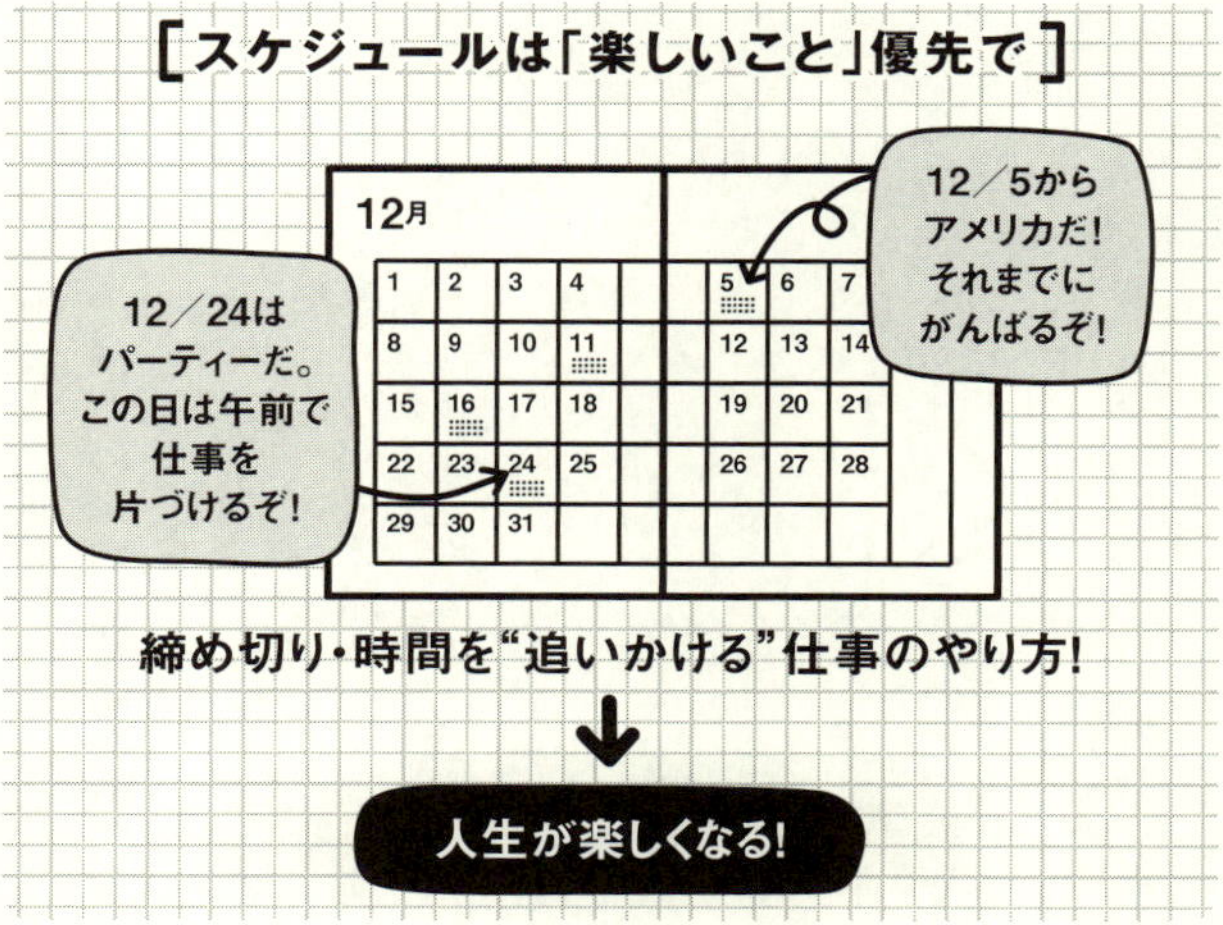

[スケジュールは「楽しいこと」優先で]
12月
12／24は パーティーだ。 この日は午前で 仕事を 片づけるぞ!
12／5から アメリカだ! それまでに がんばるぞ!
締め切り・時間を“追いかける”仕事のやり方!
人生が楽しくなる!

よくよく考えたら、映画にいっている時間分くらいの無駄な時間は、ほとんどの受験生には生じているはずだ。映画館に行くことによって、ほかの無駄な時間が減ったのが成功の秘訣だと今でも信じている。

それから数十年、今も私は好きなこと、楽しみのための予定を、まず手帳に書き込む。遊びを優先しながら、仕事もきっちりとこなせるよう、残りの時間を効率よく使えるよう、工夫する。その積み重ねで、私は、時間の使い方も上達したし、疲れる前に上手に休みをとれるようになったのだと思う。

●仕事と恋愛の優先順位はどちら？

仕事と恋愛と、あなたはどちらをより大切にするだろうか。

出世のためなら恋人と別れるのも仕方がないと思う人もいれば、恋人のためなら平気で仕事を捨てられるという人もいるだろう。何を選ぶのかは、それぞれの考え方で決めればいいと思う。

しかし、不幸なのは、守るために無理をして、結果的にいちばん大切なものを失ってしまうケースだ。

結婚したい恋人がいて、幸せにしたいと思う。

そのためには、仕事で成功しなくてはいけないし、お金もたくさん稼げるようになりたい。そこで、会社の留学制度を利用して、海外の名門大学で大学院生として学びながら、ＭＢＡ取得を目指す。

その間、彼女とは会えない。でも、さびしくてもふたりの将来のためだと思えば、我慢できる。

しかし、遠距離恋愛は長くは続かない。

数年後、見事資格を取得し、キャリアも積んで帰ってきたら、当の恋人はすでに別の人と結婚していた……。

笑い話のようだが、えてしてこういうことは起こりやすい。資格やキャリアが残るのがかろうじて救いだが、辛抱してがんばったことの喪失感は、拭いがたいものだ。

もちろん、世の中はそれほど甘くはない。

欲望のままにすべてのことが許されるわけではないし、時間にも制約がある。当然、あきらめたり我慢したりすることも避けられないだろうが、全部をやめる必要はない。優先順位を決めて、効率よく動けば、かなりのことは可能になるのである。

このとき、**何よりも重きをおくべきなのは、価値観を明確にすること**である。「やらねばならないこと」も大切だけれど、それ以上に、「やりたいこと」「自分の楽しみとなること」を優先させたい。

喜びを得られることに対して、人間は積極的に動ける。

あれこれ考えるより先に、欲望を満たそうと行動に移す。

しかも、楽しいという感情により癒されるという効果もある。きちんと優先順位を見極めることで、苦労も疲労もせずに、楽しく行動力のある自分になれるのだ。

たとえば、彼女を幸せにすることが目的で、そのために仕事で成功するのが手段なら、手段より目的を優先させる。

最近は、そういう人は減ってきたが、仕事で成功するのが目的で、そのために彼女の存在が大切だというのなら、仕事を優先して彼女と別れることになっても、それなりに割り切れるだろう。

優先順位をつけないから、悲しい思いをしたり、あぶはちとらずになることが多いのだ。

自分を第一に考える

●人にどう見られているか、気にしない

あれこれ考えすぎてしまう人は、人の視線に敏感である。

他人が自分をどう見ているか、こんな発言をしたら誤解されるのではないだろうかなどなど、自分の一挙一動が値踏みされているように感じ、無意識のうちに怯えている。

さて動こう、行動に移そうと思っても、視線にすくんでしまい、動けない。

あなたは、人にどう見られているか、必要以上に気にしてしまうことがないだろうか。

もしそうだとしたら、あなたは、必要以上に、相手のことを考えてしまうことが、習慣になってしまっているのだ。

ときには、相手の感情を優先するために、自分を殺してしまうことも少なくないか

もしれない。自分の意思を通すよりも、相手によく思われることを優先する。そのためには、意に反する対応もしてしまう。

そんなことを繰り返していたら、あなたは永遠に動けないだろうし、どんどん疲れをためこんでしまう。

しかし、動くことで他人の視線が気になるような人は、今度は仕事がうまくいかないことでも他人の視線が気になってしまう。

結局、心の疲れは同じなのである。もちろん、ストレスは容赦なしにたまってくる。

もし自分に当てはまると思ったら、今すぐ、「いい人」をやめることだ。

人が自分をどう見ているかとても気になるという人は、他人をおもんぱかりすぎると同時に、つねに**自分が「いい人」に見られたいという願望**を持っている。だったら、不安より、その願望のほうを重視すべきだ。

あなたがいちばん大切にすべきなのは、他の誰でもない、あなた自身なのだ。

よく見られるために必要なのは、仕事ができるようになることであって、相手の目に合わせて行動することではない。

そもそも、**人間なんてものは自分のことがいちばん気になるもので、人のことなど**

こっちが驚くほど見ていないものだ。

その証拠に、今誰かと話をしているなら、両襟でネクタイを隠して、その色と柄を覚えているかを聞いてみるといい。通常は覚えていないものだ。

人にどう見られているかではなく、自分が相手をどう思うか、視点を変えていくことが必要だ。

ただし、相手の気持ちを気にするのも、ひとつの美徳でもある。

人に配慮するというあなたのやさしさは、きっと周囲の人に理解されているはずだ。自分が気にしすぎと思っているなら、どの程度、それが理解されているかを、いろいろと情報を集めて聞いてみるといい。

いい人と思われているなら、そのことに自信を持ち、他人の視線をさらりと受け流せる新しい自分を生み出していこう。逆に、こっちが苦労している割に、印象がよくないのなら、無駄な努力だったと開き直って、さらによく見せようと相手に気を遣うより、自分を変えていく、できる自分を見せるなどのほうが大切だ。

●自分だけ浮いている？

人の視線を気にするのと似て非なるタイプに、どういった場所にいても、つねに自分が浮いているような気がして心配になる人がいる。

パーティーや会合でも、自分だけその場にふさわしくないのではないかと落ちつけない。営業に行っても、何か場違いなことを言ってしまわないかと、心配をする。

こういう人は、完璧主義であることが多い。

仕事もできて、しゃれた会話で人を楽しませ、万事に長けていなくてはならないと考える。でも、自分にはその力がないと思う。だから、いつも落ちつけないのだ。

これを克服するには、現在の自分を素直に受け入れることから始めてみてはどうだろう。

自分だけ浮いているのではないかと心配する心を裏返すと、それは、自意識の強さでもある。

●ほかの人がみんな自分を見ていると思うから（前述のように、ほとんどそんなことはないのだが）、自分が浮いているように感じてしまう。

●自分は不完全な人間であってはいけないと思うから、自分だけ浮いてはいけない、変わった人間ではいけないと思ってしまう。

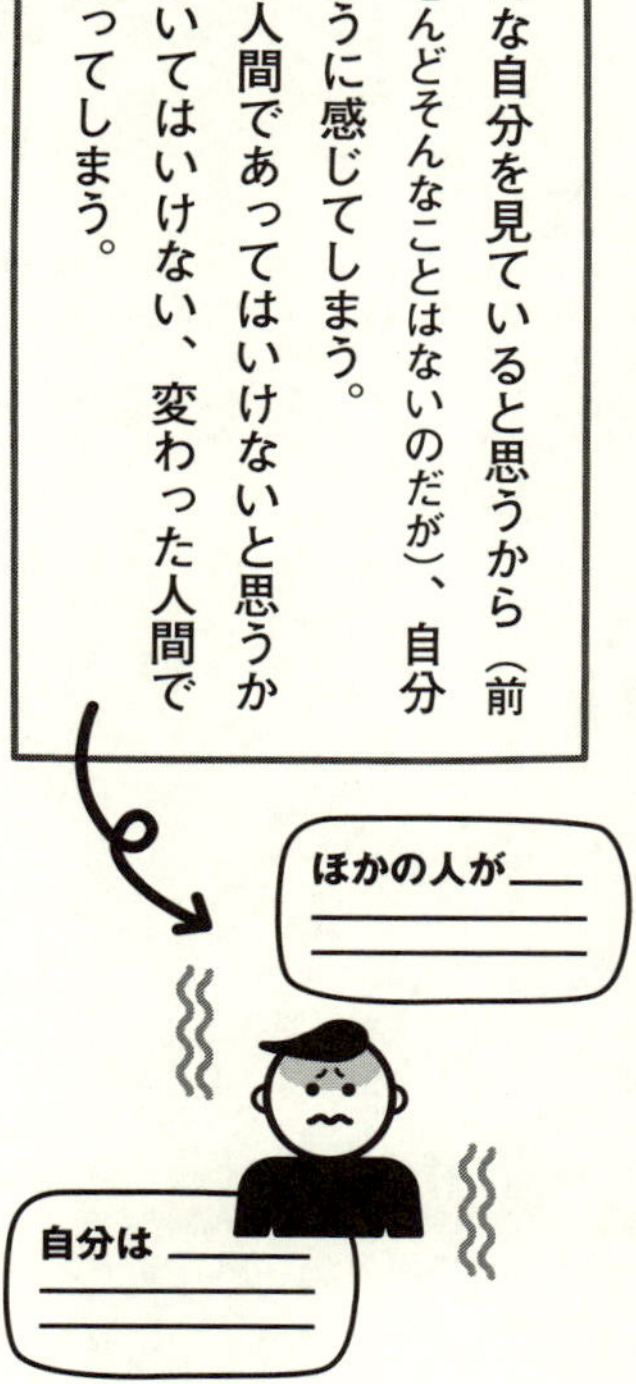

だいいちに考えるのは自分。現在の自分を冷静に見て、受け入れる。そのうえで、自分は何をしたいのか、これからどんな自分になっていきたいのかを、自問自答してみる。

そして、他人とくらべるのではなく、他人は自分がよりよくなるために力を貸してくれる、パワーを与えてくれると考えてみたらどうだろう。

仮に、**本当に自分だけ浮いていたっていいのだ。**

それが個性として、他の人の関心をそそるかもしれない。浮いていることは、悪いことじゃないと、自分に言い聞かせてみる。

実際、人間は百人百様。それぞれに違うから会話もはずむし、人とつきあう意味がある。

むしろ、浮かないほうがつまらない。人と同じ人間になってしまっているということなのだ。

すると、今までは神経がボロボロになるくらい疲れてしまったパーティーや会合が、学びの場に感じるようになるかもしれない。

そのほうが、自分の個性が出せて、かえって人に好かれることもめずらしい話ではない。

何もしないのも行動のひとつ

●週休制は人間生理に即したもの

世界にはさまざまな国があり、それぞれの習慣がある。文化も違うが、でも、毎週1、2回の休日があることは、万国共通している。

歴史をひもとくと、奴隷にだって、週に1日の休みを与えていたという。

これは、人間の経験則からきているのだろう。肉体的にも精神的にも、週に最低1日は休んだほうがいい。健康で元気に行動するには、定期的なこまめのメンテナンスが必要なのだ。

車だって同じ。ずっとエンジンをかけたままでいたら、オーバーヒートしてしまう。かといって、ずっと放置していたら、バッテリーが上がって動かなくなってしまう。

無理をさせずに適度に動かし、こまめに休ませ、定期的に隅々までチェックするというのが、ベストなのだろう。

私の場合は、3カ月に1度のアメリカ行きが、大きなメンテナンスになっている。週に1、2回の定期的な休みはない。それは、会社勤めをしていないからだ。

営業職などは夜も接待や会合が入るケースが多いだろうから、平日は家に帰って寝るだけという人も少なくない。だから、土曜日や日曜日に、趣味のスポーツをしたり、ゆっくり体を休めたりというメンテナンスの時間が大切になる。

私の場合は、平日も時間が自由になる。やらなくてはならない仕事はたくさんあるから、忙しいことでは同じだが、自分でやりくりすれば、時間が作れる。

そこで、たっぷり1時間昼寝をする。平日の夜も友人と食事をしたり、映画を観に行ったりして、遊びに費やすことも少なくない。

私の場合は、**こうして毎日ちょこちょこ楽しみながら休んでいる**ので、毎週、定期的な休みをとることはしない。日曜日だって、原稿を書いている。

それに、**私はゴルフや山登りなど1日がかりの趣味を持っていないし、スポーツも苦手だ。だから、丸1日の休みが必要ないのだ。**

休日、家族とショッピングに行ったり、食事に出かけたりすることも、よくある。そんなときでも、朝のうちに原稿を書いたり、仕事の資料を読んだりする。でも、ちゃんと休みはとれている。

●本当に疲れ、「すべてをやめてみた」ある会社員の話

体のメンテナンスはこまめにできても、心のメンテナンスは難しい。リフレッシュできるような趣味を持っていればいいが、「仕事が趣味」というタイプは、週末2日間休日があったとしても、つい仕事のことを考えてしまう。

これくらい心の疲れがたまってしまったら、赤信号だ。カウンセリングに来るビジネスパーソンにも、こういうケースが多い。

かなり深刻な状態に陥った30代のビジネスパーソンの相談にのったことがある。そのとき私がすすめたのは、**もし会社を休めるなら1週間休暇をとって、好きなように時間を過ごしなさい**、ということだ。旅行に行ってもいいし、絵を描いたり読書したり。仮に何もやりたくないなら、ゴロゴロ寝ているだけでもいい。

結局、そのビジネスマンは、家で過ごした。

最初はボーッとしていたが、週の後半になってくると、何かしたくなってきた。庭の手入れをしたり、犬小屋を直したり。そのうち、外に出たくなり、奥さんと温泉へ

1泊旅行に行ったそうだ。以前の彼とは見違えるような行動力を発揮して、今は元気に仕事に打ち込んでいる。

このように、何もしないというのも、人によっては大きなリフレッシュ効果がある。

●「1週間、何もしない」の効果とは？

森田療法という日本発祥の心の治療法では、神経症などを入院治療する場合、最初の1週間、何もさせない。

「絶対臥褥期《ぜったいがじょくき》」と呼ぶのだが、これが治療の基本となる。専門的になるので説明は省くが、簡単にいえば、**何もしない1週間で心の状態、焦っていた自分、不安だった自分とは違う自分を体験させる**。

仕事や外に出ることが不安で仕方がなかったのに、何もしないでいると、だんだんあれこれ考えなくなって、何かがしたくなる。このように、負の不安を生の欲望に変えていくのだ。

入院を必要とする病気ほどでない、ちょっとしたストレスによる疲れでも、案外この方法はおすすめだ。**何もするなと言われると、何かしたくなるのが人間の性《さが》**である。

あれこれ考えて動けない人も、「動くな」と制止されると、うずうずしてくる。自ら動きたくなる。その本能に突き動かされて一歩踏み出せたら、しめたものである。

習慣 6

失敗してみる

「自分は勝てる!」と信じない。
「勝てればラッキー」くらいの
軽い気持ちでどんどん失敗せよ。

ダメだったのは自分ではなく「やり方」

●失敗するのが怖いから、「成功」できない

ビジネスでも勉強でも、スキルアップを目指すものには、必ず競争がまとわりついてくる。

同期よりも早く出世するために資格取得の勉強をするにせよ、あるいは起業や転職のための準備をするにせよ、まずは挑戦する。そして、競争しなければならない。すると、必ず「勝敗」という結果がつきまとう。

スムーズに1回で資格取得試験に合格できた、会社を設立したらとんとん拍子で売り上げが増えた。そうなったら理想的だが、実際には、そういった苦労知らずの勝ち組は、ごくわずか。たいていは、失敗の経験をする。

ここで、失敗したから自分は負け組だと落胆する必要はない。失敗から何かを学んで、ふたたび挑戦すればいいのである。それを繰り返せば、必ずいつかは成功でき

る。

問題なのは、挑戦をやめてしまうことだ。

挑戦し続けない、競争し続けない。

自分から降りてしまえば、永遠に成功のチャンスは訪れない。

失敗し続けたって、挑戦し競争に参加していれば、思いがけない逆転のチャンスに恵まれることだってあるだろう。

●「自分は勝てる！」と固執しすぎない

中学受験で失敗したのをバネに、6年間努力を重ね、東大受験に挑戦して、みごと現役合格を果たす人がいる。

私の同級生にも、中学受験のときに

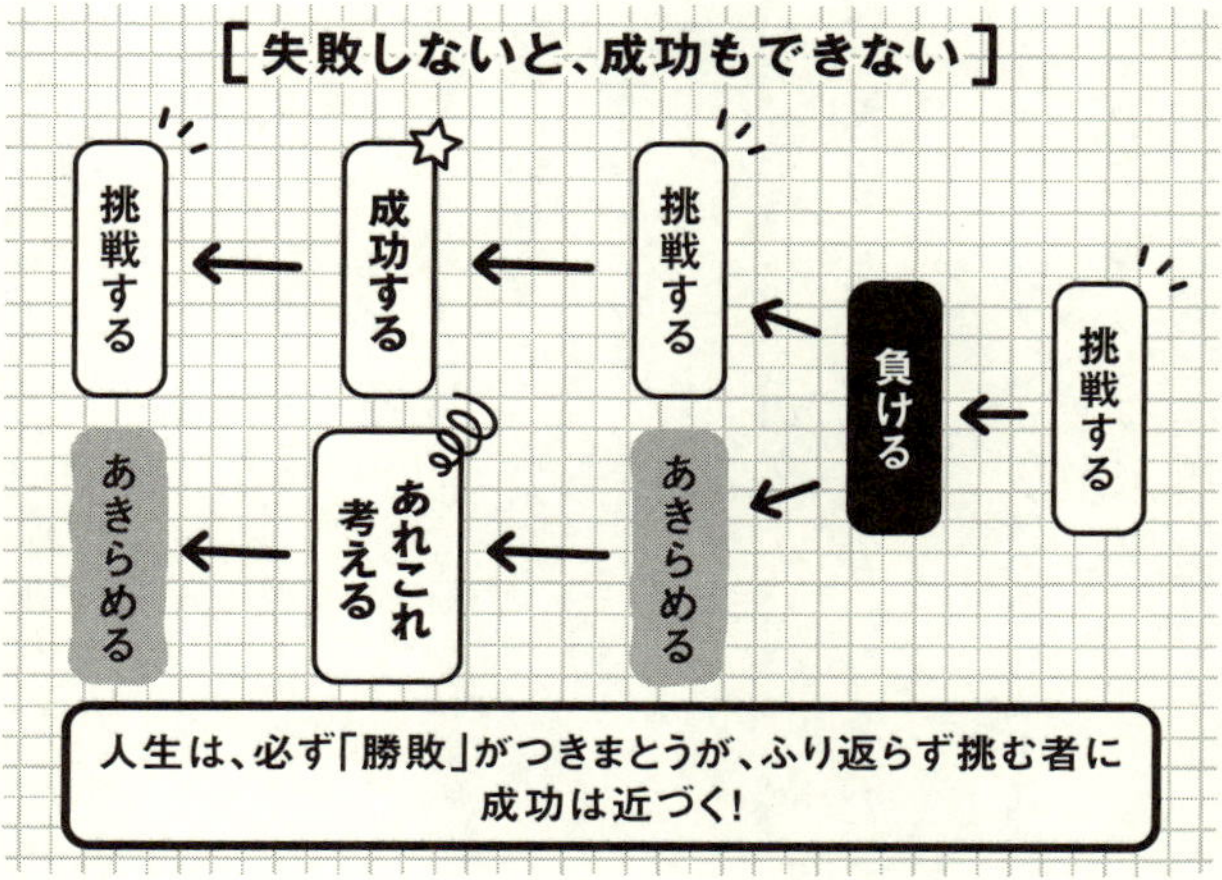
[失敗しないと、成功もできない]
挑戦する
負ける
挑戦する
あきらめる
成功する
あれこれ考える
挑戦する
あきらめる
人生は、必ず「勝敗」がつきまとうが、ふり返らず挑む者に成功は近づく！

は、灘中より下の学校に落ちたのに、高校に入るときは2番で合格、その後は、灘高でも東大の医学部でもトップクラスで通し、同期でいちばん早く教授になった人がいる。

私が主宰する緑鐵《りょくてつ》受験指導ゼミナールの受講生にも、失敗をエネルギーに転換して、東大をはじめ次々と国立大学に現役合格している人がたくさんいる。

もちろん大学合格は人生のゴールではないから、彼らはこれからも新たな挑戦をし、つねに競争のなかに身を投じるだろう。つねに動き続けているのだ。

失敗するのが怖いから挑戦できない。行動に移せずぐずぐずしてしまう。

こういう人ほど、失敗経験が少ないように思う。

早いうちに何度も失敗を経験すれば、免疫ができて、負けるのが怖くなくなる。

「負けて当然、勝てればラッキー」という、軽い気持ちで挑戦できるようになるのだ。

自分は勝てる、と信じる必要はない。

負けて当然、それでも次は勝てるかもしれない。次がダメだったらまた挑戦すればいい。そう思えるようになったら、失敗はもう怖くなくなるだろう。

私も大学生時代の映画での失敗があったから、大人になって映画が撮れたと思っている。今回はモナコの映画祭にグランプリをいただいたのに、興行的には失敗した。

しかし、ここから学べば、いつかはお客さんが入る、いい映画が撮れると信じている。

●「他の方法」があることを知る

えてして人は、地位や肩書、財産がないとダメ人間のように錯覚しがちだ。あるいは、仕事ができないから自分は価値がないと思いこむ、もてないのは自分の顔がイケてないからだと勝手に決める。

でも、実際はそうではない。

極端な例ではあるが、大金持ちの資産家が破産したり、会社が突然つぶれてしまったり、あるいは、絶世の美女やイケメンが交通事故で顔に大きな傷を負ったとしよう。

それで人生がすべてダメになってしまうだろうか。

当然、お金や地位を目当てにすり寄ってきた人は離れてしまうし、顔が目当てでチヤホヤしてくれていた人は、見向きもしなくなるだろう。それはそれで仕方がない。

金、財産、美貌にこそ価値があると考える人は、それだけが目的だから。

でも、すべてがそういう人ではない。

それでも以前と変わらぬ態度で接してくる人も、たくさんいる。そういう人たちは、裸のあなた自身に価値を見出している。あなたに魅力を感じているのだ。

身近なことでたとえれば、恋愛を告白して断られたからといって、それで永遠に恋人ができないと決まったわけではない。また好きな人ができたら、告白すればいいのだ。人によって好みも違うし、考え方も違う。

キムタクのような男性だって、ふる女性はいるだろう。だから、自分を好きになってくれる人がいると自分を信じることができて、それを繰り返していれば、いつか両想いの恋人ができるだろう。もしかするとその相手は、それまであなたをふり続けてきた人たちの誰よりも美しいかもしれない。

大切なのは、どんな場合でも、つねに挑戦すること。

そうすれば、失敗しても、その原因を見つけられる。

自分がダメだったのではなく、「やり方」が違っていたのだと気がつくことができるのだ。あるいは、自分がダメだったのではなく、ある能力が足りなかったのだとわかる。そして、すぐに別の方法でチャレンジできる。あるいは、足りない能力を磨くことができる。

キャリアアップを目指し、私の本を買ってくれる人がいる。成果が出れば私もうれしいが、全員に満足してもらえるとは思っていない。私の方法が合わない人もいるだろう。

その場合、あなたがダメなのではない、私の「やり方」がダメなのだ。

だったら、別の人の方法を試してみればいい。

動いてみて成果が出なければ、動き方を変えればいいのだ。

批判をしない

●悪口を言う人は、自信がない人

辛口で、思ったことはすぐ口に出してしまうから、私を嫌っている人がけっこういるようだ。ブログを始めたら、誰それのブログで私の悪口を言われているとか、2ちゃんねるで叩かれているとか、アドレスを添えたコメントが寄せられる。

こういったネットでの批判は、まずほとんどが匿名だ。名前を出しては何もできないくせに、陰で他人の悪口を言うのが大好きな人なのだろう。

そもそも、自分に自信がない人ほど、他人の悪口を言いたがる。悪口を言って他人を引きずり下ろすことで、自分のほうが偉い、賢いと、思いたいからだ。

それまで人のことをあれこれ言わなかった人が、急に悪口を言うようになったら、何か不満を持っていたり、満たされなかったり、自信喪失状態にあると思って間違い

ない。そういう状況になると、足の引っ張り合いが始まる。

というのは、私も最近、世間で成功している人と出会う機会が増えたが、彼らは、たいてい別の人のことをほめるのだ。おそらく、心に余裕があり、自分に自信があるから、ほかの人をほめられるのだろう。他人と自分をくらべて、「自分がダメ」などとは思わないのだろう。

麻生太郎元首相への悪口も、弱者の憂さ晴らしがほとんどのように見えた。ダメだダメだと言うばかりで、そこからは何も生まれない。

私は麻生さんを支持していたわけではないが、こうすればよいというアドバイスならともかく、何がいかんと言ったところで何も変わらない。極端な話、漢字の読み間違いがなくなっても、国の政治がよくならないのなら何の意味もない。

●「足の引っ張り合い」では誰も幸せにならない

悪口や足の引っ張り合いは、不毛だ。そんなことを続けていたら、事態はどんどん悪くなる。

今は不景気のせいで、公務員の給料が上がっているわけではないのに、彼らの給料が民間より高いとか、クビにならないのはおかしいとか叩かれる。あるいは、官舎で安い家賃で住むのはけしからん、という話が出る。

昔は、公務員より、民間のほうが給料は高かったし、民間だって終身雇用だった。社宅だって当たり前にあった。実は、私も子どもの頃、社宅住まいをしていたが、プールやテニスコートが完備された贅沢なものだった。高級住宅街の大邸宅でも、プールやテニスコートまで設置しているところはほとんどなかったのに、である。

当時は、いい社宅を作るほうが、いい社員も集まるし、いい仕事もできる。社宅に住むことで社員の結束が強まると信じられていたし、実際、そういう会社のほうがいい社員も集まっていたし、業績も上げていた。

しかし、それが一変した。

不況になって民間の会社が、次々と社宅を廃止した。わずかな住宅手当を与えて経費を削減したのだ。さらに、給与もどんどんカットし、あげくの果てには終身雇用のはずの社員が次々とリストラ（という名の馘首《かくしゅ》）を受ける。

すると、その不満の矛先が公務員に向けられた。

「俺たち民間企業のサラリーマンはこんなに苦しいのに、公務員ばかりが立派な住まいを与えられているのはおかしい。税金の無駄遣いだ！」

こうして、「公務員たたき」を始めたのである。しかし、ますます貧しく、苦しくなる。

基本的に、民間の給料は公務員をベースに考えられることも多く、それに大きな影響を与えるのが人事院勧告だったりする。ここでマイナスという勧告が出ると、公務員の給料が下がるだけでなく、民間も労使交渉の際に、マイナスを通告される。

公務員の給料を減らしたり、公務員から社宅を奪うことよりも、自分たちの給料を公務員なみにしろとか、奪わ

[足の引っ張り合いでは誰も幸せにならない]
公務員宿舎廃止!!
終身雇用なんてやめろ!!
公務員たたき
庶民B
庶民A
Dr.和田
最終的にどういう方向へ向かっているか？　疑問である。

れた自分たち民間企業の社宅を復活させることに労力を使えば得るものがあったかもしれないのに、愚《おろ》かである。

かくして、要領よく動き回る一部のトップだけが甘い汁を吸い、庶民の生活はどんどん苦しくなる。アベノミクスが始まる前の不況時ですら、企業の内部留保は増え続けたのである。

結局は、弱者同士が引きずり下ろし合いを続け、高級官僚や企業の経営者のみが、喜ぶ。自分たちの手を汚さずに経費削減できてしまうのだから当然だ。

実際、給料のカットやリストラをのまないと会社がつぶれるといって、社員は脅された。公務員はつぶれる心配がないからうらやましい、と思われた。

リーマンショックの前までは、会社のほうは空前の利益（バブル期より多かった）を出していたのに、終身雇用も高給も、社宅も復活しなかった。そして、金を持っている人、株を持っている人だけがいい思いをしてきた。

しかし、給料を上げなかったので内需が拡大せずに、外需に頼っていたから、サブプライムの影響がいちばん小さいはずの日本が、いちばん経済成長率がマイナスになった。

足の引っ張り合いでは誰も幸せにならない。みんながお金を持っている頃の日本がいちばん豊かだった。

実際は、大企業の売り上げに占める人件費の割合は、自動車会社や電気会社では1割前後だ。日本航空やアメリカの自動車会社が、組合が強すぎることが問題にされるが、従業員の給料が高すぎることだけが原因ではない。

製品に競争力がないとか、別の理由もあるのに、従業員のせいだけにされるのは、マスコミまで足の引っ張り合いに力を貸しているからだろう。

でも、お互いが豊かなほうが経済は成長する。

今年の国際競争力トップのスイスは、ちょっとしたサンドイッチが1000円もするような物価の高い国だが、従業員の給料も最低賃金も世界でトップレベルなので、だれも安売りを求めない。そういう豊かなスイスブランドがあるから、国際競争力もトップでいられるのだ。

●プロの評論家は「ほめ上手」

評論家きどりで人を批判ばかりするタイプも、不毛だ。人が一生懸命にやったことを、鼻で笑い飛ばしてしまう。成功した人に対する批判も辛辣でネガティブだ。**とことん批判して自分のほうが上だと気持ちよくなっているのかもしれないが、それは自分だけの錯覚**だ。

本物の評論家とは、いいところを見つけるのが仕事だ。

私は雑誌の書評欄をレギュラーで担当しているが、そこでとりあげる本は当然、読者に薦《すす》めたい本であり、その本の中にどんな魅力的なことが書かれているかを紹介している。

別に、よいしょ記事を書いているわけではない。書評というのは、その本を買うか買わないかを決めるために読む。書籍は毎日たくさん出版されているのだから、批判されるような買う価値のない本など、そもそもとりあげる必要はないのだ。

映画の評論もやっていたが、同様だ。多少の批判は書いたとしても、やはりその映画を観ることを薦めるから、とりあげるのだ。

映画評論家の先駆者ともいうべき淀川長治さんも、数え切れないほどの映画の魅力を引き出した。幼い頃、テレビで放映される洋画劇場の前には、淀川さんが登場し、個性的な話術で、これから始まる映画の魅力を語り、映画が終わると、「次週をご期待ください、さよなら、さよなら、さよなら」と言って、ブラウン管の前の人たちの、また翌週も見たいという気持ちを掻き立てた。「いやぁ、映画って本当にいいものですね」というのが口癖だった水野晴郎さんも、さまざまな角度から作品の魅力を語った。映画好きが高じて、ついには映画監督として自ら作品を撮った。

こういうのが、本物のプロの評論家なのだ。

ついでに言うと、彼らはわれわれの想像を絶するほど映画を観ている。要するにとりあげる映画をほめているだけで、ほめる価値がないとすれば、とりあげていないのだ。ほめられるものを探し当てるまでたくさん本を読んだり、映画を観たりするのがプロの書評家であり、プロの映画評論家なのだ。

●「批判する」より「仕事」しろ

もしあなたの周囲で、人を批判したり悪口を言ったりするグループがあったら、絶対にその仲間には入らないことだ。

出世した同僚や、自分より仕事のできる社員のことを、ことごとく批判する。見下したように論じ続けるが、結局は仕事で勝てないから、批判して憂さ晴らししているだけなのだ。

「あいつは、裏で根回ししたから、今回抜擢されたんだ」

「部下を利用して仕事ができそうに見せているだけで、実際はひとりで何もできない」

などなど。

でも、**そういう批判ばかりする人が、仕事ができるのだろうか？**

アフター5に居酒屋にたむろしてこんな批判を続けているような仲間に入ったら、未来は閉ざされる。

ビジネス社会では、仕事で成功したほうが勝ちだ。仮にそういう方法で出世したのだとしても、うだつのあがらない今の状況で動けずにいるよりかはずっといい。

成功した彼らをお手本に、裏で手回ししてみたり、同期や部下を利用したり、上司に取り入ってみればいい。それで出世できれば、もうけものだ。

ほめ合う関係だったら、お互いにどんどん伸びていける。

でも、頭角を現したとたん叩かれるような仲間は、仲間じゃない。類は友を呼ぶ。灘高だって、足の引っ張り合いをやらないで、お互いが助け合うから、東大に毎年100人も合格できるという要素が大きかった。

どんなグループに身を寄せるかで、人生は大きく変わる。

勝ち進んでいく者は、人を批判したり悪く言ったりしないものなのだ。

「劣等感」をうまく使うコツ

●すぐに「あきらめる人」と「ねばる人」の差

なかなか動けないという人が、年々増えているように思える。

それは下の年代にも波及している。子どもたちを見るにつけ、これからもっともっと、「動けない人間」が増加していくのではないかと心配になる。

負けん気が失われていることが、その原因のひとつではないかと思う。

人間だって動物だから、本能として競争心を備えているはずだ。勉強だってスポーツだって、身近にいる誰かに勝ちたいと思う。だから自ら動こうと思うし、がんばれる。

ところが、若い人ほどそういった気持ちが希薄だ。

「人は人、自分は自分」と、最初から競争に加わらない。マイペースで物事を進めていくのならいいのだが、そうではなく、**最初から勝てないとあきらめてしまっている**

人も多い。

やがてこういうタイプが大半になってしまったら、社会はどうなってしまうのだろう。ゆとり教育のなかで、「人と争ってはいけない」と教えられた子どもたちは、将来どんな大人に育っていくのだろう。

最初から自分の限界を測り、あきらめてしまう。挑戦も努力もせず、適当なところで「仕方ないや」と我慢する。これでは、もったいない。

でも、逆に言えば、そんな時代だからこそ、少しでも競争意識をもてば、思ったよりも簡単に、自分が思っていたよりひとつ上のランクに行けるかもしれない。

そこでまたアクションを起こせばさらに

［最初から「あきらめた人」になるな！］
仕方ない。
走るのやーめた。
≡3 ≡3
Dr.和田
これは「マイペース」ではない。むしろ、
他人に人生を振り回されているとも言える。
もったいない!!

上に、そして次へ、と、どんどん自分をレベルアップしていける。

学校でも、小学校から大学までエスカレーター式で上っていける私立の学校に入ると、のんびりとして人との競争心は育ちにくい。

一方、中高一貫の受験校に入ると、競争することを徹底的に叩きこまれる。日本一入るのが難しい慶應の幼稚舎（小学校）に入った神童が東大に何回も落ちることもあるし、中学や高校から慶應に入った生徒に勝てることもほとんどないそうだ。

競争がそれだけ人間を鍛えるということだろう。

闘争心むきだしで人に戦いを挑め、というのではない。

外に出すといやしい競争心でも、内に秘めると闘志になる。

今日の自分に明日の自分が勝てるようにするというのも立派な競争心だ。今日の自分に明日は勝ちたい、もっと上に行きたい、そんな負けん気を磨くことは、動ける人間への近道なのではないだろうか。

●「悔しい気持ち」がとても大切

一緒に研修を受けて同じ部署に配属された同期に、どんどん仕事で差をつけられて、自己嫌悪に陥ったという経験はないだろうか。

しかも、人間的にも優れていて上司にかわいがられ、おまけに、容姿にも恵まれている。ついつい自分と比較して、劣等感を感じてしまう。やがてそれは嫉妬にかわり、陰で悪口を言う、チャンスがあれば足を引っ張ってやろうと思う。

これはよくない。

嫉妬にとらわれてしまったら、あなたの動きは制約されてしまう。

でも、実際に、理想通りに成長していく同期と、現状に留まり続けているあなたの距離は、どんどん離れていく。

そんなとき、どうしたらいいのだろうか。

恨みさえ込めてしまうような嫉妬心、つまり相手を引きずり下ろすことに精力をつぎこむ嫉妬心は感心しないが、相手と自分をくらべることは、決して悪くない。

精神分析の考え方によると嫉妬には2種類ある。

「①相手を引きずり下ろす嫉妬心」と、それをバネに「②相手に勝ってやろうという嫉妬心」だ。

後者の気持ちがあれば、むしろ、なぜ自分が次への一歩を踏み出せないかを解明するために、積極的にお互いをくらべることで、どこが自分に足りないかを考えるヒントがつかめる。

つまり、**「悔しい」という思いを掻《か》き立てればいい**のだ。悔しいと思ったら、次は自分が勝てばいい。追い越せなくても、まずは同じところまで走っていけばいいのだ。かくいう私は、かなり負けん気が強い。劣等感の塊でもあるが、ひがんだり嫉妬したりするだけでは、満足しない。

今回は負けたが、次は積極的に動いて勝ってやろうと目論《もくろ》む。二度と悔しい思いをしたくないから、全力でがんばる。映画だって、30年後にリベンジしようとしたのには、そういう悔しさもあったのだろう。次だって、悔しいから興行的に成功したい。

ただし、無駄な努力はしない。冒頭にも書いたが、スポーツやギャンブルは苦手だし、女性にもてるタイプではないから、勝てそうもないことでは戦いを挑まない。少しでも勝ち目の多い、自分の得意なジャンルで競争する。

せこいようだが、案外こんなことが、自分を変えていくきっかけになる。

勝てる土俵で競争をする。

勝てる土俵を探すというのも、競争心の賢い満たし方だ。

自信がないほうが、心が鍛えられる

●プレッシャーに弱いのは自信がないから

「私はプレッシャーに弱いから、仕事がうまくいかないし、出世できない」
「私はプレッシャーに弱いから、ストレスが続いたらうつになってしまいそうで怖い」

こう言う人は多い。

はたしてそうだろうか。

プレッシャーやストレスは心の病を引き起こす「悪の根源」みたいに思われているが、実はそれだけではない。

こういったもので**心に負荷《ストレス》をかけることで、実は、心は鍛えられていく**。ただ、プレッシャーやストレスが強すぎると、心に負荷になるし、何より、能力が逆に落ちてしまう。

前者のレベルのプレッシャーやストレスを「善玉ストレス」といい、後者を「悪玉ストレス」という。

この境目には個人差があるが、大人になったり、能力があがるにつれ、この境目のレベルがあがってくる。

小学生の頃は何かあると泣いてばかりいた子どもが、だんだん泣かなくなり、中学、高校と成長するにつれてたくましくなっていくのと、同じだ。

本来、心も年々強くなっていくのは、このためだ。プレッシャーやストレスに強くなる最大の近道は、「善玉ストレス」レベルのプレッシャーやストレスを経験し続けることなのだ。

ところが、現実は違う。少子化によりきょうだいの数が少なくなったり、ひとりっ子が増えたり、子どもの頃から過保護に育てられてしまったために、心が鍛えられないまま大人になってしまった人が、とても多い。

友達とけんかしたり、先生に怒られたり、そんなことさえ、すぐに親がしゃしゃり出てきて解決してしまう。負荷がかかっても親があわててそれを取り除くのだから、いっこうに心は鍛えられない。

心を鍛える以前に、プレッシャー慣れ、ストレス慣れもできないのである。

もしあなたが、自分はプレッシャーに弱いと感じているなら、プレッシャーから逃れる方法でなく、耐えられないレベルでないプレッシャーに立ち向かい克服していくことが必要だ。

●心が折れる前に〝耐震〟を

健康ブームで、スポーツジムに通うビジネスパーソンが増えている。出勤前の早朝や、会社帰りにジムに寄るのを習慣にしている人も少なくないだろう。定期的にジムで体を鍛えていくと、だんだん筋肉が発達していく。

筋力増強を目指してトレーニングマシーンで鍛える際には、一般的に最大筋力の85~100%の負荷をかけるのが理想とされている。同じ85~100%といっても、初めてトレーニングをするときは筋力もないから、負荷は少ない。それでも思うようにトレーニングできない。

でも、やがてその負荷では物足りなくなっていく。鍛えられていくごとに、筋力は強くなっていくから、負荷も増やしていく。細身の男性や女性でも、筋力が強ければ負荷もかなりの数値になる。

心もこれと同じなのだ。

最初は、小さなプレッシャーやストレスでもすぐにくじけてしまう。打ちのめされて、自分はダメな人間なのだと落ちこみ、自信を喪失してしまう。

しかし、そこで何とか踏みとどまってプレッシャーやストレスを克服すれば、筋力が鍛えられるように、心も強くなる。

すると、もう少し大きなプレッシャーやストレスにも立ち向かえるようになる。それを克服すればさらに心は鍛えられ、その繰り返しで心はだんだんと強く成長していくのである。それを理解すれば、あとはどうすればいいか明白だろう。自信を奮いおこしてプレッシャーやストレスに立ち向かってみよう。あなたなら必ず、それを克服することができるはずだ。

ただし、その際に、注意したいことがある。

最初から大きなプレッシャーやストレスに立ち向かわないことだ。

自分の心の強さに応じて、少しずつ負荷を高めていくことが大切だ。「悪玉ストレス」に最初からあたってしまうと、ストレスに強くなるどころか、自分の心が折れてしまうし、心の病にだってなりかねない。

心が鍛えられないまま大人になってしまったAさんの人生

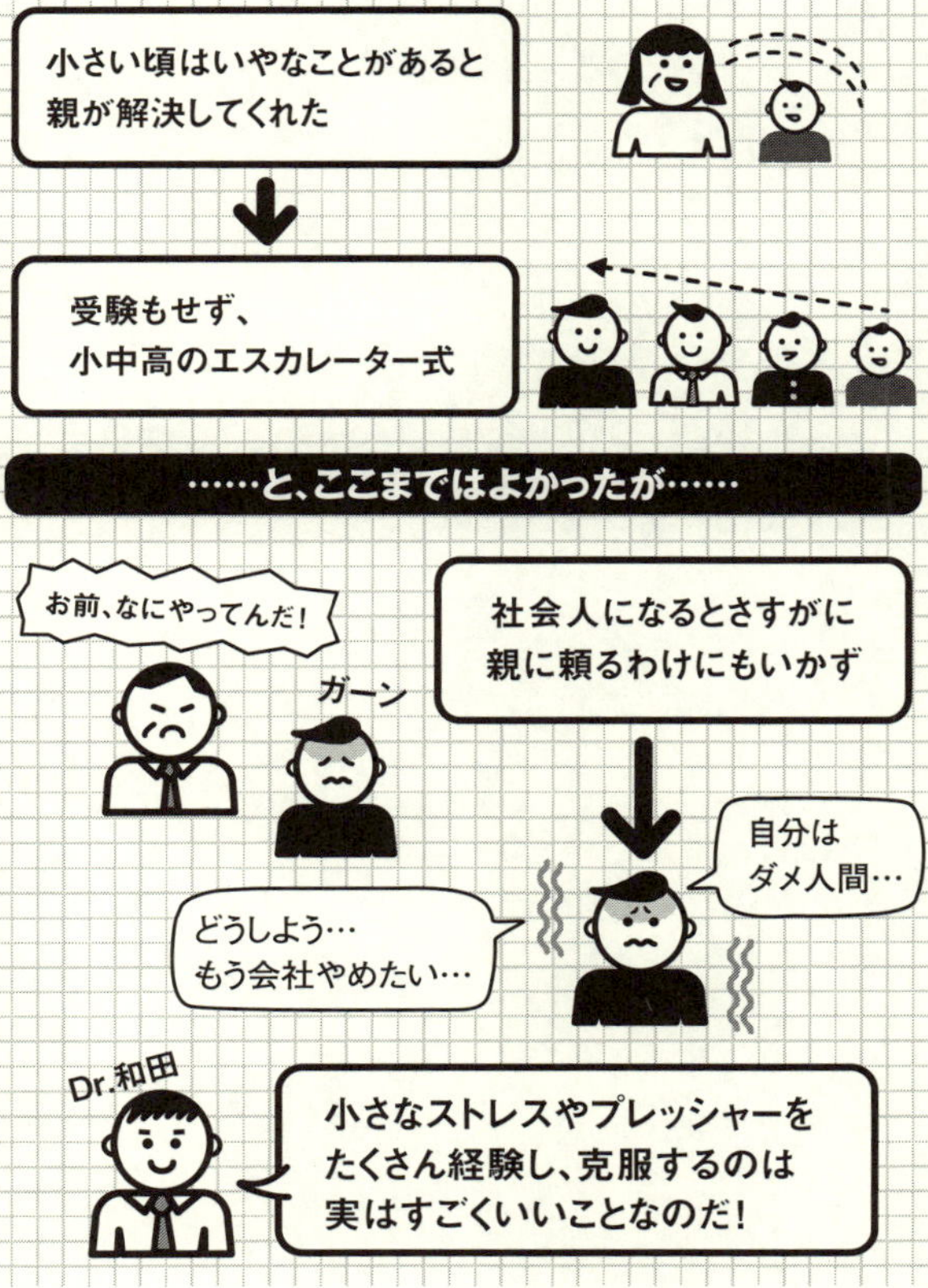

小さい頃はいやなことがあると親が解決してくれた
受験もせず、小中高のエスカレーター式
……と、ここまではよかったが……
お前、なにやってんだ!
ガーン
社会人になるとさすがに親に頼るわけにもいかず
自分はダメ人間…
どうしよう…もう会社やめたい…
Dr.和田
小さなストレスやプレッシャーをたくさん経験し、克服するのは実はすごくいいことなのだ!

ただ、徐々に鍛えていくと昔は「悪玉ストレス」だったものが「善玉ストレス」になることはある。それだけプレッシャーやストレスに強くなったということだ。

習慣 7

感情にしたがう

「思い」を忘れない。
とりあえず「棚上げ」して
チャンスを待とう。

日本的道徳観を捨てる

●仕事を選《え》り好みしてどこが悪い？

まだまだ日本には、「やりたくない仕事や苦手な仕事を引き受けてこそ優秀なビジネスパーソンだ」と勘違いしている上司が、実に多い。

これは、日本独特の道徳観だ。

日本人は、いやなことを進んで引き受けたり、やりたくないことも、心のなかで耐えて、見た目には笑顔でやったりするのが、美徳だと勘違いしている。やりたくないからとはっきり断ると、なんと不まじめな奴だとお叱《しか》りを受ける。

余談だけれど、先進国の小学校で、掃除当番があるのは、日本くらいだといわれている。

欧米などでは、掃除は専門職を雇うのが当たり前。子どもたちは勉強だけすればいいという環境を整えている。海外から日本に来た人は、子どもたちに掃除をやらせるということに最初はびっくりするらしい。しかし、考えてみれば、これも教育の一環。実にすばらしいことだと評価され、海外から教育者が視察に来たときは、小学校の掃除当番風景を見学することもあるらしい。

私も、掃除当番には賛成だ。1日勉強し遊んだ教室を、みんなできれいに掃除する。それぞれ分担して掃除をしたり、指揮をとったり、工夫したり、協調性を学んだり、掃除から学ぶことはたくさんある。いやだからといって、ひとりだけ掃除をせずに帰ることは、許されない。

しかし、勘違いしてほしくないのは、**掃除当番をいやがるのと仕事を選り好みするのとはまったく違う**ということだ。

私はむしろ、どんどん選り好みして、自分の好きな仕事をやったほうがいいと思う。

もちろん、好きな仕事しかやりたくない、だけれど好きなことができない、だから働かない、というのは感心しない。

でも、人間というのは、好きなことほど一生懸命になれる。上司にいじめられたり、毎日残業が続いたり、つらいことがあっても、好きな仕事ならがんばれるからだ。

ただし、そのためには、自分でその環境づくりをするように働きかけが必要となる。

●最初から好きなことを仕事にできた人はほとんどいない

社会に出て、最初から好きな仕事に就けた人は、とても幸せだ。

でも、そんな人は、数えるほどしかいない。たいていは、好きな仕事でなくても、食べていかなくてはいけないから、いやな仕事をする。なぜなら、**好きな仕事に就く力が自分になかったからだ**。自分で選ぶことができなかったということだ。

だったら、選り好みできるよう、自分の力を磨けばいいのである。そのためには、まず「動く」ことが必要なのだ。

仮にあなたが、テレビのディレクターを目指していたとしよう。

その夢を叶える近道は、テレビ局に入社することである。

各テレビ局は毎年のように新入社員を募集するから、自分が1番に行きたいテレビ局はどこかを決める。もしそこに入れなかった場合、2番目に行きたいのはどこか、3番目は、と考える。

でも、入社試験に落ちてしまった。それでもあきらめることはない。夢を現実にする手段は、ひとつではない。他の方法を考えればいいのだ。

ディレクターは、テレビ局の社員だけではない。ドラマを作るのでも、ドキュメンタリーでも、「外注」といって、外の会社に発注する場合がある。テレビ局から仕事を受注している制作会社はどこか調べ、そこに入れば、番組作りの現場で働ける。そこから、ディレクターへの道が開けてくる。制作会社の正社員になれなければ、アルバイトでもいい。

とりあえずは、動くことが大切なのだ。

現実には、テレビ局の正社員になるのは、東大を出ていても競争率が数十倍という難関だが、制作会社だと門戸は広い。当初アルバイトでよいという条件なら、さらに広い門戸が用意されている。学歴もテレビ局に入るよりはるかにクリアしやすい。高卒や大学中退の人はごまんといるし、制作会社の有能なディレクターなら、高卒でもテレビ局の正社員になるという話はめずらしいことではない。

しかし、そういう道を選ばないと、テレビのディレクターになることは、ほぼ100%ありえない。夢がある以上は、それに一歩でも近づくアクションをとらないと、最後まで夢で終わってしまう。しかし、そういうアクションを続けていると、夢が夢で終わらない可能性も小さくないのだ。

感情は変わっていくもの

●私が医者になった理由は不純か？

私の父はサラリーマンで、親戚に医者もいない。なのに、なぜ医者を目指したのか。それは、映画を撮るためだ。

高校生の頃、映画監督になりたいと思った。ただし当時はもう映画会社では助監督を募集していなかった。

仮に助監督として採用される道があったとしたら、せいぜい、当時はピンク映画といわれる低予算のポルノ映画（にっかつという大手の会社もポルノを作っていたが、その会社まで助監督の採用をやめたのだ）の現場だけだった。それでは自分の夢は実現できないと当時の自分には思えた（実際は『おくりびと』の滝田洋二郎監督や『相棒』の和泉聖治監督など、ピンク映画出身の名監督はいっぱいいるが）。

私は、自分自身が撮りたい映画を監督したかったということもある。

そこで、どうしたら自分の夢を叶えられるか、考えてみた。

いちばんの近道は、資金を自分で調達すること。そして、映画を撮る時間を作ること。

それにはどうしたらいいかを考え、医者になることを決めた。

会社に勤めるよりも、医者のほうが収入は多い。それで資金ができたら、病院をやめて映画を撮ればいい。会社員なら一度やめてしまうと、次に同レベルかそれ以上の会社に就職することはなかなか難しいが、医師の資格を持っていればチャンスは多い。少なくとも地方の病院はつねに医者が不足し

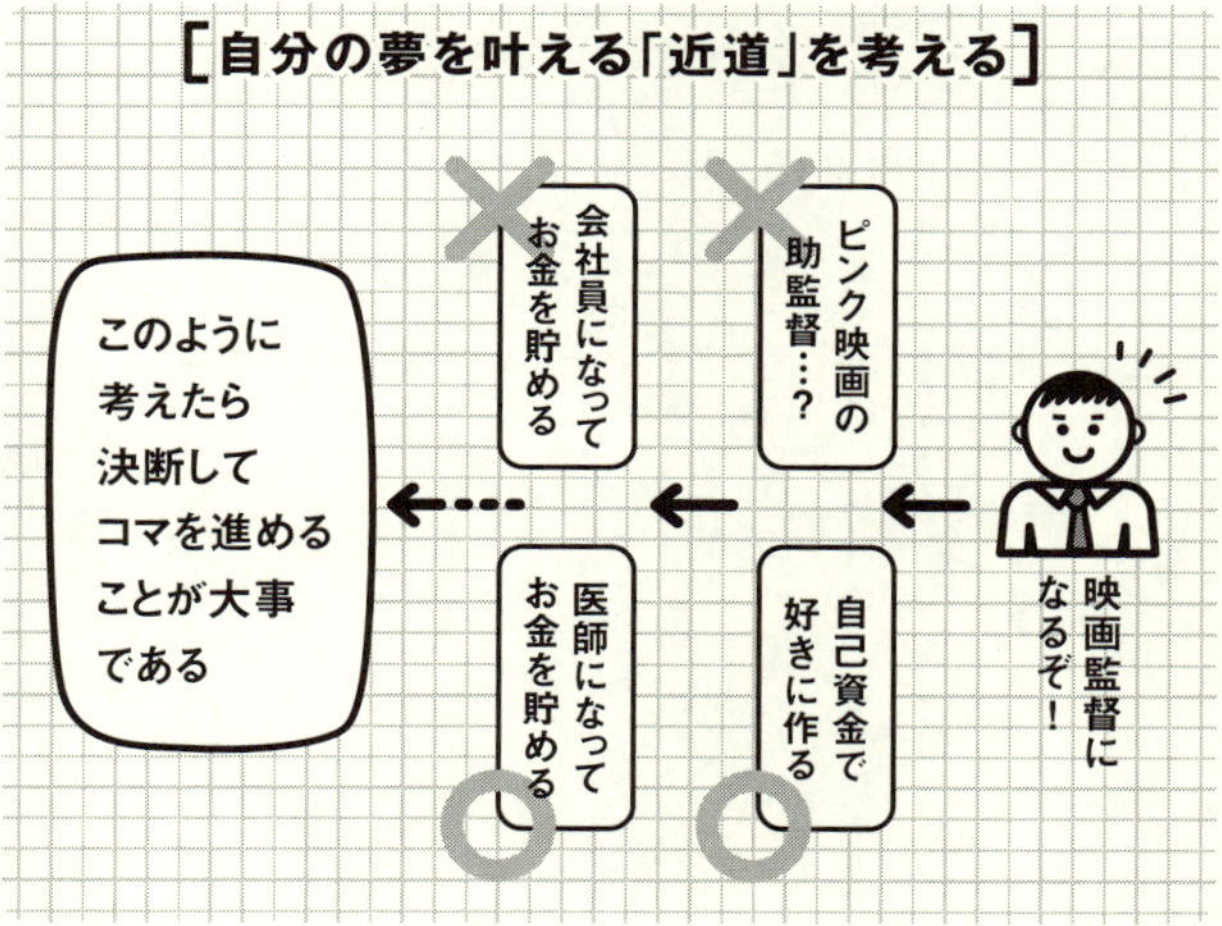

ているから、勤め先がないということはまず考えられない。僻地診療をすれば、映画作りの資金のためにかなりの収入があることも聞いていた。

映画監督になりたい、という自分の感情に正直に、高校生の私は、将来の図を描いた。

●動機よりも結果を

ところが、この話をすると、

「医師は人の生命を救い、健康を守るもの。人の命がかかっているのに、映画を撮るために医者を目指すなんて、動機が不純だ！」

と言う人が意外と多い。どこがいけないのだろうと、当時の私は思っていた。

たとえば、起業したいと思えば、まずは資金を作らなくてはならない。そのためには、短期間でお金になるバイトをする。当たり前のことだ。私が医者になったのもそれと同じ。目的を達成するために、最良と思える手段を考え、実行した。

「お前みたいな奴が医学部にくるおかげで、本当に医者になりたい人間が一人医者になれないのだぞ」とも同級生に言われた。

しかし、**私は、結局、今も医者も続けているし、映画も撮った。**

そのほかにも、いろいろと仕事が広がっている。動機が不純だ云々と言う人に限って、自分では動けない。人のことをあれこれ言うより先に、自分のために動いたほうが、ずっと実りがあるということを、自らが知ったくらいだ。

実際、医者としては決して二流とは思っていないし、多くの人を救っていると思うし、自分にかかって具合が悪くなった人（精神科だと意外に多いのだが）もあまりいない。

●動いてわかることがたくさんある

映画を撮るために選んだ医者という職業。

いざ医者になってみると、予想していた以上に、やりがいがある。患者さんから感謝されてお礼を言われる。患者さんの具合がよくなると、こちらもうれしい。精神分析も学べば学ぶほど、いろいろな発見があり、学ぶことが楽しくなっていく。その後、森田療法という面白い治療法にも出会えた。

現在、私は、病院で直接患者さんを診察するとともに、3カ月に1度、アメリカに学びに行くなど、精神分析では最先端の勉強を続け、大学院で学生にも教えている。

これは、医者になる前には想像していなかった。いつのまにか夢中になった。やってみたら面白かったし、やりがいもあるので、映画監督の夢を果たした今も、医者を続けている。医師としてのキャリアを伸ばしながら、また、次の映画資金も稼げる。結果的に、夢も満足度も倍にふくらんだのだ。

実際にやってみなくてはわからないことがたくさんあるし、**いざ動いてみると、意外な発見も多い**。人間の感情は、つねに変化していく。だから、自分を縛らず、柔軟に生きていけばいい。その都度ごとに、自分でいいと思った道を選び、動けばいいのだ。

といいながら、実際は医者をやることに縛られている部分もある。高齢者専門の精神科医はニーズが多いのに、数が少ないので、やめるにやめられない。患者さんのことを思うと放り出すわけにいかないのだ。ただし、競争相手が少ないので、ほかの仕事をしながらでも、この世界では一流でいられる。

これも、実はやってみてから、わかったことだ。

実は、私に説教をしていた医学部の同級生のなかには、研究ばかりやって、患者さんをろくに診ない人もいる。

私が医学部に入ったせいで救われない人がいるとか、医者になりたいのになれない人がいるとか言っていた人が、人の命を救わず、動物実験にあけくれ、医者を実質的にやっていない。しかし、それも非難したいとは思わない。そういう人なりに、やってみて天職をみつけたのだ。動機が不純か純かより、その後の人生のほうが、人間を決めるものだ。

あきらめずに自分を燃やす

●断られるとすぐにあきらめてしまう人

あれこれ考えて動けないという人の多くに共通するのが、断られるとすぐにあきらめてしまうという傾向だ。繊細な心を持っているからだろう。

一方、強引でわがままな人は、こういうときでも猪突猛進していけるのだが、あれこれ考える人というのは、他人への気遣いや気配りができるぶん、消極的になりがちだ。それは美徳でもあるのだが、どうしても損することが多くなる。

自分の思う通りの人生を得るには、やはり前に突き進まなくてはならないことは多い。あきらめたら、その時点で終わってしまう。

ではどうすればいいのか。

それには、タイミングを見極めることも、一つの方法だと思う。相手に拒絶されて、気持ちが落ちてしまったとしよう。いつもはそこであきらめてしまうのだろうけれど、そんな気持ちを押しとどめて、もう一度、自分に火をつける。感情を奮いおこして、強い思いを抱く。

ここでポイントとなるのは、**思いをとりあえず棚上げしておくということ**だ。

それでなくても、あれこれ考えて動けないタイプなのに、断られてすぐに動けと言われても、なかなか難しいだろう。でも、「すぐ」でなくていいと考えれば、気持ちがずっと軽くなるのではないだろうか。

とりあえず今は棚上げして、チャンスを待つ。ただし、絶対にあきらめない。

時間が解決してくれることもあるだろう。いろいろ考えているうちにすばらしいアイデアが浮かぶかもしれない。「もっと

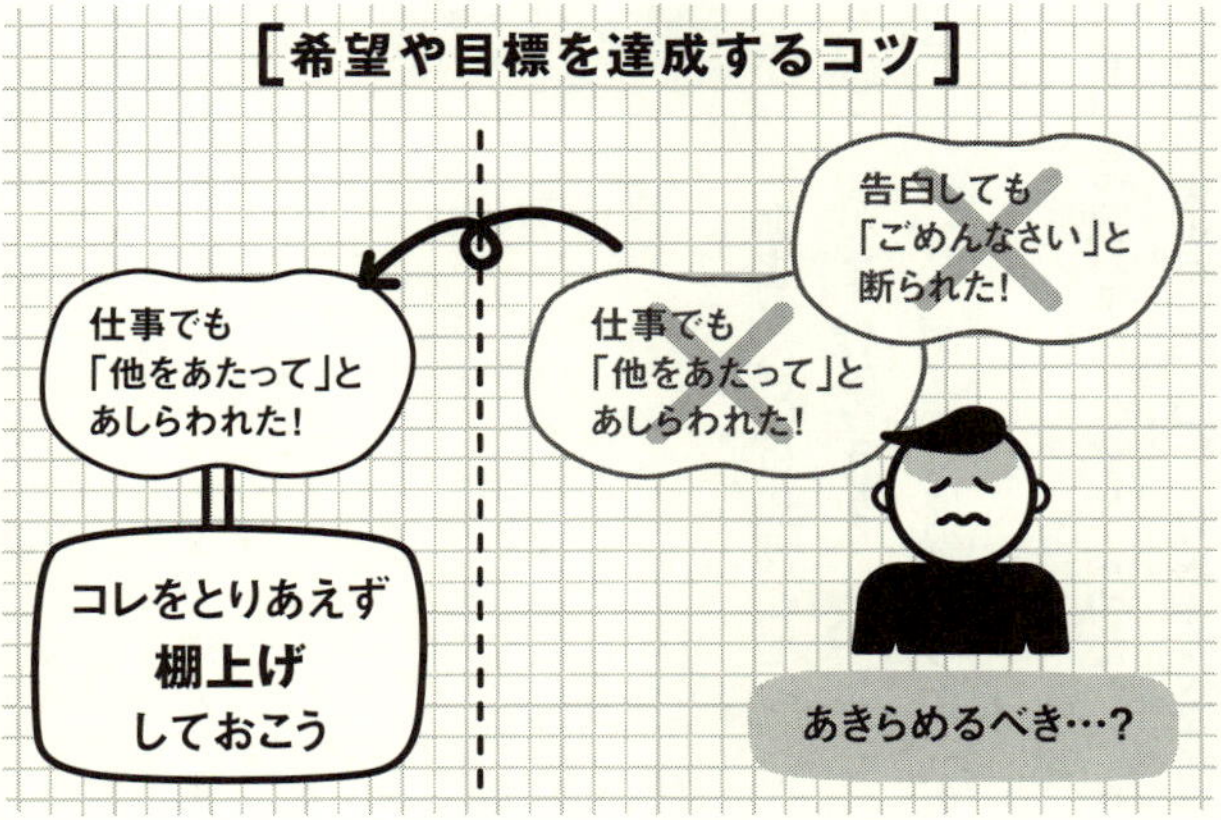
[希望や目標を達成するコツ]
告白しても「ごめんなさい」と断られた!
仕事でも「他をあたって」とあしらわれた!
あきらめるべき…?
仕事でも「他をあたって」とあしらわれた!
コレをとりあえず棚上げしておこう

いい方法があるよ」と、誰かが教えてくれるかもしれない。

ただし、いつも心のなかでその夢を描いていることは必要だ。

棚上げしたまま忘れてしまったら、それはあきらめたと同じことになる。絶対にあきらめない、でも、今は動かず、チャンスを待つ……それでいいのだ。

「動けない」と「動かない」はまったく違う。

拒絶されて心が萎えそうになったら、あえて動かない道を選ぶ。

実はこれもある種の「動き」なのである。

●1つだけやってみる

乗り気ではないのにやらざるを得なかったこと、気が進まないのに無理してやったこと、こういうことほど、結果的にうまくいかないことがないだろうか。

医師である私がこんな話をするのはおかしいかもしれないが、「病は気から」と言うのは、実際にある話ではある。

自分で病気だと思っていると、本当に熱が出たり、お腹をくだしてしまったりすることがある。実際、**「うつ」になると免疫力が落ちて、本当に病気になりやすくなる。**

イヤイヤやったことがあまりいい結果を得られないのは、これと同じだ。「やる気」のあることほど、人間は力を発揮できる。「やる気」は、成功の原動力の一つであると言っても過言ではないし、「やる気」が出ないときは、失敗する確率も高くなることが多いので、無理に動かなくてもいいのだ。

ただし、そのまま止まってしまったら、次に動きだすのが億劫になる。スピーディに動けないタイプの人は、一度立ち止まってしまうと、次の一歩を踏み出すのに躊躇してしまいがちだ。さらに、「相手がこう思ったらどうしよう」「もしかするとこんな風に考えてはいないだろうか」と、余計にあれこれ考えだしてしまう。

それを防ぐには、**全体的な動きは一時ストップしてもいいから、1日1つは何かをやること**。

たとえば、ふと頭に浮かんだ懐かしい友人に連絡をしてみたり、しばらく手をつけていなかった趣味のコレクションを整理してみたり。

どうでもいいようなことでいい。その行動がもたらす結果については考えず、アクションを起こす。立ち止まっているときでも、ちょっとした行動力を発揮することを忘れない。同時に、あきらめずに温めておく。

そうすれば、機会が訪れたとき、ふたたび精力的に動きだせるのである。

習慣 8

マネする

自己流をやめる。
優秀な人ほど、人のマネをする。
できない人ほど、
オリジナルにこだわる。

自己流はやめる

●優秀な人ほど「人のマネ」をする

受験に合格して中高一貫教育の進学校である灘中学にかなりいい成績で合格した私だったが、高校2年までには、落ちこぼれになっていた。

そこから逆転して、東大に現役合格を果たしたわけだが、短い時間で合格点をとれるようになったのは、独自の勉強法を編み出したからだ。

他人は結果からしか判断しないから、灘高から東大に進み医者になったといえば、「もともと頭がよかったのでしょう」と言われる。

でも、実際は違う。

東大に現役合格するなかで、天才やずば抜けた秀才というのは、ごくわずか。私をはじめ、ほとんどの東大生は、それぞれの勉強法や受験術を工夫し、それを駆使して合格点をクリアしたのだ。

しかし、合格して周囲からほめられると、悪い気はしない。天才だといわれれば、そうかもしれないと思う。

ただ、私の場合は、そういう錯覚はしなかった。なぜ自分が短期間で得点能力を急激に上げることができたのか、東大に現役合格を果たしたのか、それを冷静に分析した。その結果を、和田式勉強術・受験術としてまとめ、塾を開き、本を書いた。

それで今に至るわけだが、私の本を読み、監修している緑鐵受験指導ゼミナールの通信教育で学んだ高校生が、東大理Ⅲにトップの成績で現役合格した。そもそもが優秀な生徒だったのだが、本人にいわせると、私のやり方のマネをして勉強法を変えたおかげでものすごく成績が伸びたのだそうだ。マネでは、元の人間を超えることができないと思われがちだが、マネで師匠を抜かす人間もいるのだ。

実は、**私の受験勉強法にしても、独自のものはほとんどない**。先輩やできる同級生のマネである。できる奴が多い灘校ならではのメリットともいえる。

だからこそ、緑鐵受験指導ゼミナールは毎年多くの東大合格者を出し、地方の公立校などから東大理Ⅲに合格者も出せるのだろう。

実際、私が東大に入った当時の灘高は、東大にはやたらに強かったが、京大や早慶には意外に弱かった。滑り止めのほうに落ちて東大に受かる人は少なくなかった。マネする方法論が伝わらないものについては、世間から見て簡単そうなことでも意外にうまくいかないものなのだ。

東大に入りたいなら東大に合格した人のやり方をマネればいいし、社長になりたいなら、成功した起業家のマネをすればいい。それで必ず成功する保証はないが、今現在成功していない自分の「自己流」でやるよりは効率がいいはずだ。

自分流にこだわりがあるなら、即刻、捨てたほうがいい。

不思議なことだが、優秀な人ほど、人のマネをする。

反対に、あまり優秀ではない人、現在思うように物事が進展していない人ほど、自分のやり方にこだわり、まわりが何を言っても自分流にこだわる。

自分流にこだわる人は、そのやり方以外で成功しても、自分の手柄だとは思えないのだろうか。ほかのやり方を試すのが怖いのだろうか。

いずれにせよ、人間は結果で判断する。

プロセスにこだわるようでは、成功への道は遠い。

私の本を買ってくれたり、緑鐵受験指導ゼミナールを受講したりする受験生を見ると、それが歴然だ。東大理Ⅲにトップ合格した高校生もそうだが、私を支持してくれるのは、優秀な生徒が多い。私は、劣等生から逆転合格した。だから、私と同じようにテストで点数がとれず落ちこぼれている生徒のために、受験術を紹介した。

が、劣等生は、むしろそれを否定する。

「どうせ頭のできが違うから……」

など、批判するだけで、試してみようとはしないのだ。

一方、優等生は、1点でも多くとれる可能性があることなら、何でもやってみようと思うようだ。そして、ぐんぐん力を伸ばしていく。

【「人のマネ」をするのは悪いことじゃない】

優秀な先輩
あの人とは頭のデキが違うからマネしても…
ヨシ!　あの先輩を見習ってワタシも…!
どちらがいい仕事ができるだろう?

●「石川遼くんに学ぶ」は正しいか？

知り合いで、ゴルフが大好きなA氏がいる。毎週のようにコースでプレイしている。ゴルフの知識は相当なものだ。

ところが、実際のプレイはどうかというと、スコアはふるわない。

なぜなら、ずっと自己流を通しているからだ。

ゴルフに関する知識はプロ級なので、蘊蓄《うんちく》を語らせたら止まらない。一緒にラウンドした人に対しても、中心軸がずれているとか、スタンスが悪いとか、いちいち口をはさむから、仲間からも嫌がられているようだ。

あるとき、ゴルフ仲間のひとりが、タイガー・ウッズのDVDをその人にプレゼントした。自分がそれを見て練習したら、スコアが急に伸びたのだという。自己流を通して全然上達しないA氏のために、親切心から贈ったのだ。

ところが、A氏は喜ぶどころか、その場にいた別の友人にそれをあげてしまった。

A氏によれば、身長も体型も違うタイガー・ウッズのプレイを見ても、参考になることなどひとつもない。自分のことは自分がいちばんよくわかっているから、自己流がベスト。コースに出る回数を増やせば、それだけうまくなれる、というのだ。

私は自分がゴルフをやらないので、あまり偉そうなことはいえないが、少なくとも、結果はすでに出ている。

何年やっても、A氏は下手なままだ。

おそらくは、下手なスイングを何度も練習するから、下手が身についてしまうのではないだろうか？

いずれにせよ、**自分が思うほど、自分のことはわからない**。

岡目八目で他人が判断したほうが正しい場合も多い。ましてや練習によって上達する種類のことなら、うまい人をマネするのがいちばん。驚くほど上達するかどうかは別だが、今よりよくなることは確かだろう。勉強している割に成績が伸びない人間に私はつねづねやり方を変えろと指導しているが、練習を重ねてうまくならない場合も同じことだろう。

同様に、大活躍の石川遼くんに少しでも近づきたい、ゴルフがうまくなりたいと思うなら、遼くんのプレイをテレビで見ればいい。

ドライバーはどうか、グリーン上ではどんなことに気をつけているか、逐一観察する。

そして、自分でマネできることがあれば、早速、次のラウンドで実践してみればいい。

石川遼くんにはなれなくても、何か学ぶことや気づくことがあるだろう。

「自分より年下の、息子ほどの選手に……」

と思うようだったら、今より上のレベルに進むことは難しいだろう。ゴルフにかぎらず、仕事でも、年齢もキャリアも関係ない。「これぞ！」と思う成功者がいたら、まずはマネすることから始めてみよう。

「他人の目」で自分を見る

●自分の「動けるパターン」を知る

この本を手に取ってくれた方は、ご自身が、あれこれ考えて動けないタイプだと思っている。

冷静に自分を分析できるということ自体、すでに動き出せていると考えていい。

自分が苦手なものと得意なものを判断するなど、自己分析する能力が優れているほど、動きやすくなれるものだ。

このような、自分の認知に関する認知のこと、第三者的な立場から自分を見て冷静に判断することを、「メタ認知」と呼ぶ。

一言で表せば「自分の認知を認知する」というのが元来の意味だ。

自分の知識は思考するうえで十分なものか、知識に偏りがないか、自分の推論が感情に左右されたものではないか、あるいは、周囲の意見に流されていないかなどをふまえたうえで、「知識状態」「推論状態」を自分自身でチェックするものだった。

ところが、１９９０年代になると、「メタ認知」について、別の考え方が強まってきた。

それまでの自分を知るということよりも、もっと重要なことがあると論じられるようになってきたのだ。

そして現在では、メタ認知的知識という「知識」以上に、その「知識」を用いて、自分を改造していく「メタ認知的活動」が尊重されるようになっている。

「メタ認知」では、「自分はこれが苦手だ、なぜならこの部分が足りないから」と自己分析する。「メタ認知的活動」となると、これより一歩踏み込む。

「自分はこれが苦手だ、なぜならこの部分が足りないから。だったらその足りないことを加えて、苦手ではなくする」だとか、「この足りないことは、すぐに身につくものではないから、別の部分で勝負しよう」などと考え、自己修正をしていくのである。

つまり、「メタ認知的活動」ができるようになれば、昨日より今日、今日より明日と、自分をどんどん進化させ、苦手を克服したり、得意なもので勝負するような自分にも変えていけるかもしれないのだ。

[「メタ認知」から「メタ認知的活動」へ！]

メタ認知とは？

自分を第三者的な立場から見て
冷静に判断すること。

そこから先に進むと！

「メタ認知的活動」とは？

「自分はこれが苦手だ」などと自己分析し、
「こうすればいい」、「ああすればいい」などと
自己修正していくこと。

なかなか動けないのが問題ならば、動きやすい自分に変われればいい。知識が足りないのなら、知識を補充する。感情に推論が流されやすいのなら、そうなっていないかチェックして、別の推論もしてみる。今日から「メタ認知的活動」を働かせて、少しずつ自分を「カイゼン」してみてはいかがだろう。

●自問自答する6つの質問

「性格は一生なおらない、だから、きっといつまでも動けない自分は変わらない」

こう思っている人も多いだろうが、そんな心配は必要ない。

考え方や行動パターンは変えられるし、自分も変化していく。

フットワークよく、あれこれ迷わず、すぐ動ける自分に、あなたなら必ずなれる。

まずはそれを自分に言い聞かせることだ。

それと同時に、「メタ認知的活動」をなるべく行うことをすすめたい。あれこれ考えて動けないのなら、あれこれ考えるついでに、自分が何を考えているのか、現在のコンディションはどうか、知識や能力は十分かなど、自分をチェックしてみる。

こういった自己分析をできるようになると、自然に、そのときの状況や自分の感情に左右されず、冷静に物事を見て、より妥当な判断ができるようになっていく。

仮に誤った判断をしそうになったときも、今自分は感情に押し流されそうになっているのではないか、知識や情報に振り回されてしまってはいないか、即座に気がつき、修正することができる。

なかなか動けない、足を止めそうになる、というときは、もう一度振り返って、自分を見つめてみるといい。そのとき、自己確認するといいのが、次の6項目だ。

- **自分の現在の立場に影響された推論ではないか**
- **感情に左右されて判断を誤っていないか**
- **自分の体験や知識に振り回されていないか**
- **自分は、必要な知識や経験、能力を持っているか**
- **他人の意見に振り回されていないか**
- **集中力を欠き、注意散漫になってはいないか**

このような自問自答の習慣が、「メタ認知」をより働きやすくする。

「メタ認知」というのは、能力でなく、態度なのだという人もいる。自分が今、おかしな状況になっているかもしれないと素直に認め、自問自答できる謙虚な態度がある人こそ、昨日より今日、今日より明日に賢くなれる人なのだ。

勝利の感動が潜在力を引き出す

●昨日の自分に勝つ

陰山英男さん、野口悠紀雄さんは、勉強法の権威として有名な方々であるが、おふたりと私が共通して語っていることがひとつある。

それは、**「子どもを勉強好きにさせるには、いい点を取らせること」**である。

私は、陰山先生が兵庫県朝来町立（現朝来市立）山口小学校で教鞭をとっていたときに、評論家の櫻井よしこさんと山口小学校まで行き、「百ます計算」などを取り入れて独自に工夫された学習法である「陰山メソッド」を体験した。

「陰山メソッド」は、反復練習で基礎学力の向上を目指すもので、復習により脳に刻むという理にかなったものであるが、とくに画期的ですばらしいと感動したのは、他の誰でもなく自分自身と競争させていたところだ。たいてい、競争して学力を高めるには、同じクラスや学年の生徒と競わせる。

ところが、**陰山さんは生徒のライバルとして、過去の生徒自身を設定したのだ。**

たとえば、大人まで夢中にさせた「百ます計算」。

プリント1枚分の単純な計算をして、さて昨日よりどれだけ時間が短縮できたか、正解率が上がったか、昨日の自分と競う。自分に勝った喜びは、意外に大きなものである。自分の成長がリアルに実感できるからだ。

そして、普通に続けていれば、毎日確実に進歩する。すると、毎日、自分が勝ったと実感できる。こうして、毎日、昨日よりいい点を取り、毎日勝ちを感じることで、どんどん勉強が好きになってくる。

もちろん、同時にまた、クラスメイトとの競争も繰り広げられている。百ます計算を終えると、できた順に手を挙げさせる。集中してプリントに取り組んでいても、手を挙げる気配はわかる。誰よりも先に手を挙げようと、必死なのだ。

いちばんビリになった生徒は、すばやくフォローをする。陰山さんは同じクラスの他の生徒ではなく、全国平均などをあげる。

ビリだから叱るということはせず、「全国平均より15秒早かったぞ」と言って、クラスの中ではビリだったけれど日々成長しているのだ、ということを生徒に自覚させ、励ましているのである。クラスメイトに負けても自信を失うことはなく、自分との競争に勝ったことを実感させるという、実に巧妙な方法なのだ。

こうして自分の学力が上がっていくことが実感できれば、生徒は、勉強がおもしろくなっていく。明日はもっといい成績を取りたいと、熱意は高まっていく。

それをまたほめて、自覚させる。

この繰り返しで成長していった生徒たちは、中学に進学してからも、勉強を楽しみ、効率よく学力を上げていった。その結果、それまで誰も知らなかった進学塾もない小さな町から、国公立大学医学部などの現役合格者が多数輩出された。彼らは社会

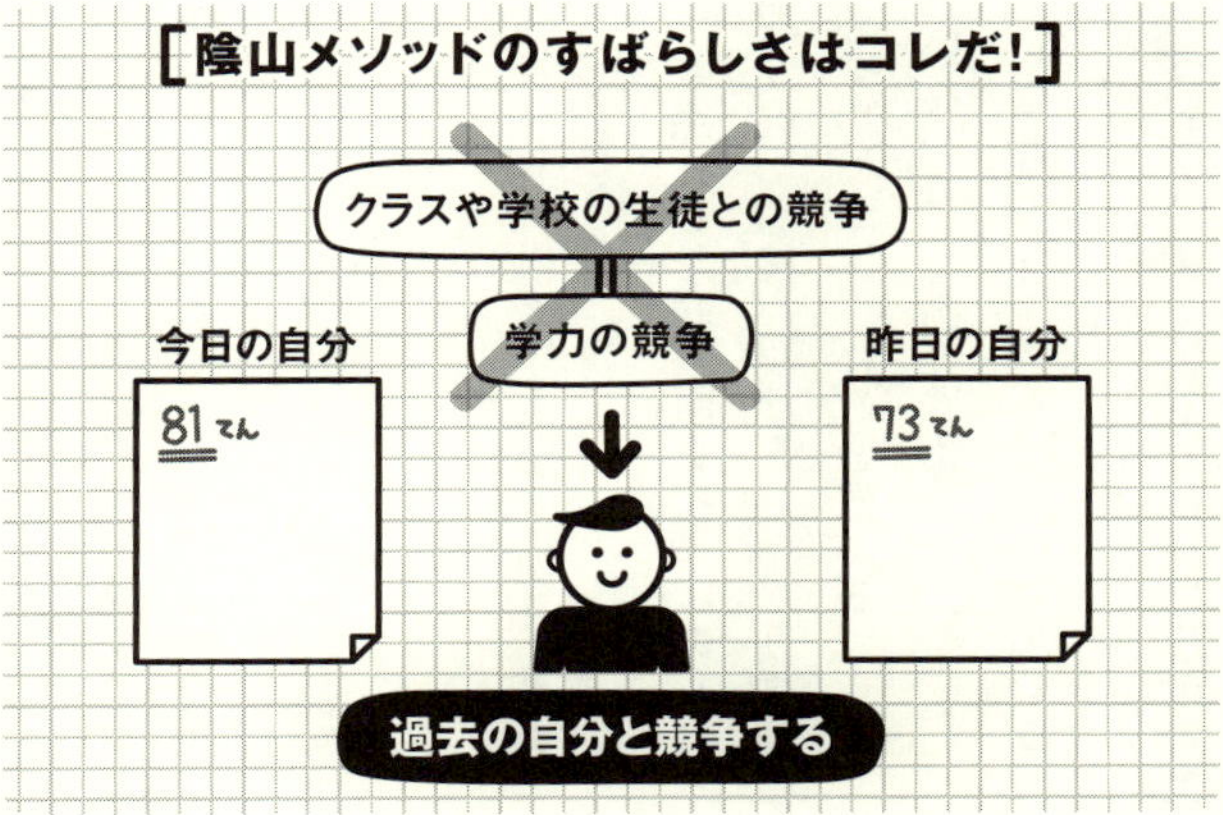

［陰山メソッドのすばらしさはコレだ！］
クラスや学校の生徒との競争
学力の競争
今日の自分
81てん
昨日の自分
73てん
過去の自分と競争する

人となっても、大いにその力を発揮することだろう。

勝てる土俵や自分の成長が実感できる分野を探して、確実に勝つ体験や成長の体験をする。そうすれば勉強や仕事へのモチベーションが維持され、また勉強でも仕事でも好きになれるはずなのだ。

●ダウンしたらまた試す、またマネる

ナポレオンが座右の銘にしていたともいわれる、中国時代の兵法書『孫子』謀攻篇に、「彼を知り己を知れば百戦して殆《あや》うからず」という格言がある。

現代のビジネス社会に当てはめて解読すれば、厳然とした観察眼を持ち、あらゆる情報に精通して、それを見極め、自分や自分を取り巻く環境、現状をしっかり把握して仕事に挑めば、何度でもチャレンジしても、必ず勝利が得られると言える。

「メタ認知」を働かせ、「メタ認知的活動」を行いながら、まずは勝利者のマネをし、さまざまな手法を試してみる。その際、自己流にこだわりすぎたら、うまくいかない。そこで、最初は自己流をやめることからスタートする。

しかし、やがて「彼を知」ることができたら、つまり、さまざまなものが見えてき

て、**正しい判断ができるようになったら、効率的な自己流を考案して、それを実行す**ればいい。マネたり試したりするうちに、自分にいちばん適した、オーダーメイドの手法が見えてくるはずだからだ。

でも、それは修正も必要となる。

効率が悪くなったり、モチベーションが低下したりしたときは、すぐにまた、別の手本をマネしてみるといいだろう。

どんなに意欲的な人でも、何かアクションを起こさなければ、モチベーションは低下する。動き続けているから、モチベーションを保てるのである。放っておけば、どんどん低下するのが当たり前だ。

これが困ったところであるが、それを落胆する必要はない。

上り道だって帰りは下り道になるし、また逆もある。モチベーションのアップダウンも、これと同じだ。

しかし、やる気がしぼんで動けない、あるところで停滞してしまったら、そのままにしておくと、ますます動きにくくなってしまう。

●「やる気」に左右されず、とりあえずマネする

そんなときはまた、マネる、をやってみればいいのだ。モチベーションはメンタルなものだから、メンタル面のフォローが必要だと考えがちだ。

しかし、実際はそうではない。

やる気というあやふやなものを現実的にするには、具体的な手法で対応するのがいい。

それが簡単にてっとり早くできるのが、マネる、なのである。動かない時間、止まっている時間、迷う時間が長いほど、再度動くための労力が必要になる。あれこれ考えるほどますます深い穴に落ちこんでしまうのだ。

ところが、やる気が出るのを待っていたら、このような止まっている時間が長くなってしまう。

やる気なんかなくても、とにかくやってみる、どうやったらいいかわからなければマネてみる。

それだけでも動きのいい人間になれるのだ。

いろいろ試してみれば、必ず答えは見えてくる。

それが自分で納得できるものでなくても、がっかりする必要はない。

答えはいくつもあるのだから、また試したりマネたりしてみればいい。

私の受験術のひとつに、「暗記数学」がある。これは、数学の解法を丸ごと暗記してしまう手法である。数学の問題を解くには、解法パターンをたくさん知っているほど有利だ。

試験時間という限られた時間内で、それだけいろいろとヒントが思いつくからだ。

数学が苦手な人は、普通に問題を解こうとしたら、時間がかかる。数学が得意な人が5分で解いてしまう問題に、15分もかけたら、どうだろう。下手をすれば1時間以上かかることもあるだろう。

すると、解法パターンのストックなどいつまでたっても、増えてこない。そして、ますますできる奴とできない奴との差が開いていく。

それを克服するために、解法ストックを増やす時期は、考えるのをあきらめて、丸覚えで対抗しようというものだ。

これなら、それほど時間をかけずに、あるいは数学が多少苦手でも、解法パターンをたくさん身につけることができる。

ただし、勘違いしないでもらいたいのは、**「暗記数学」と名前をつけたからといって、暗記だけで終わりというわけではない**こと。さまざまな問題を解けるようになるには、暗記した内容を応用して、問題を解く経験を増やすこと。

つまり、ある程度以上、解法パターンを覚えたら、実際に入試問題などにあたってみて、それを応用・加工する訓練をすべきなのだ。それができてこそ、結果が得られるのである。

この解法ストックを覚える時期が、あれこれ考えて動けなくなったときの、「マネる」だ。そうして実際に動きだすことができれば、少なくとも数学はできない、やらない状態から脱却できる。

さらに、それを応用する練習が、「自己流」を構築する時期にあたる。

少し前には最良だと思った自分流が、どうもうまく機能しなくなった。動けない、モチベーションが低下する、成果が得られない、そんな壁に突き当たったら、もう一度、「マネる」を始めてみるといいだろう。

できないと思っていた数学や仕事が、マネできれば、きっとできるようになる。できると思えたら動けるのだ。

とにかく、動くきっかけとして、マネでもいいから（実はマネのほうがうまくいくことが多いのだが）前向きに動いてみて欲しい。

習慣 9

法則をみつける

「失敗の法則」に目を向けると、
どんどん動ける場所は狭くなる。
「成功の法則」だけ見よう。

動ける人には理由がある

●成功法は「過去」にあった

知り合いがやっている小さな会社で、仕事に関する資格を取得した社員に、毎月5千円から1万円の「資格給」を支給することになった。

月収が増えるのはもちろんうれしいが、それ以上に、資格取得が仕事への意欲の表れとして評価され、昇進への査定に影響するということで、特に若い社員は一生懸命に資格取得を目指した。

なかでも目立ったのが、同期入社の20代後半社員3名。三者三様、勉強の仕方がまったく違った、という話を聞いたことだ。

精神科医である私は、彼らのキャラクターにも興味を抱いた。

A君――社交性があり、話がおもしろいので、接待の席でもお得意さん相手に重宝がられている。年配の人にもかわいがられる。しかし、どこか落ちつきがない。何でも知っているようだが、じっくり話しこむと奥行きがない。すべてにおいて浅く広くというタイプなので、少し突っこんだ話をすると、知識の薄さがわかってしまう。本人もそれを自覚していて、へらへらしている内側で、おどおどしている様子がうかがえる。そんな性格が影響しているのだろうか、試験勉強に集中できず、不安感ばかり募っていくと言っていた。

B君――つねに上位を目指して走っているタイプ。小学校から高校までエスカレーター式の有名校に通い、国立大学を卒業しているため、自分には学力も才能もあると自信を持っている。が、立ち止まると、他に追い抜かれそうな気がして怖い。

だから、新しいことに対して、とても敏感だ。試験勉強を進める際にも、目指す資格に関する最新情報をつねにチェックし、問題の傾向や予想などに関して書かれた記事があると、スクラップしていた。勉強には、かなりの時間をかけていたようだ。

C君――ひじょうに地味で目立たないタイプ。ビジネスパーソンというよりは、研究者タイプ。不器用だけれど、コツコツと努力を積み重ねていく。ただし、新しいことには消極的で、すぐには動けない性質のようだった。営業職にはおよそ不向きで、うだつが上がらないと思われがちだった。

ところが、結果は、C君だけが合格した。

それぞれに半年間、資格取得を目指してがんばって勉強していたが、C君はいちばん地味な勉強法だった。A君は資格受検のための通信教育を受けていたし、B君は社会人のための夜間塾に行った。それぞれに最良と思う行動をしたのだ。

しかし、C君は独学だった。動いていないように見えたそのC君だけが合格したのだ。

C君にどのように勉強したのかを聞いたところ、過去の問題集をやったと言う。

なるほど、と私は納得した。**前を見て突き進むだけが成功への道じゃない。**

資格取得などでは、具体的に過去にどんな問題が出て、どのくらいの点を取ればいいかがわかると、その成功の秘密が明確に見えることが多いのだ。

●情報に溺れず、選んで生かす

上記の理由から、最強の受験勉強法のひとつとして、私は、過去に出題された問題をいかに活用するかということを言い続けている。

実は、過去の問題をどれだけ取り組むかが、勝負の決め手となることが多いからだ。

学生も社会人も、受験をするなら、まずその過去の問題に当たってみるのがいい。

大学によって入試問題の傾向も違うだろうし、資格試験だってどんな問題が出ているか、どの程度の知識が必要か、考えさせる問題がどのくらいの割合であるのかなどがわかる。それを知らないと、まともな受験対策はできないだろう。あきらめる、2年計画にする、これならいけそうだという目途《もくと》も、今の偏差値や、その大学の偏差値、世間で言われているその資格の難しさより、過去の問題を解いた印象のほうが、よほどあてになる。

また、過去の問題をやっているうちに、解き慣れが生じて、それだけで成績が上がることもある。自動車の運転免許の試験なども、過去の問題を2、3回やるほうが、一生懸命法令集を読むより、よほど点が取れるという経験をした人も多いだろう。

一般的に「センター試験」と呼ばれる大学入学者選抜大学入試センター試験なども、かなり解き慣れが生じる試験である。

センター試験の過去の問題は、それぞれの教科の試験の過去の問題が、10年分程度まとめられ、問題集として発行されている。また、平均点を一定にするために大学入試センターが工夫・努力して問題を作っているので、ほぼ毎年、問題の難易度は一定している。しかも、解答も配点も公表されている。

多肢選択問題なので、答えが決まっているのだが、たとえば国語のような科目では、いちゃもんをつけられないように、ちゃんと問題文を読むとその答えに決まっているような設問になっている。解いていくうちに、みるみる「解答カン」が養われていく。

さらに、もうひとつ、自己採点が簡単かつ正確に行えるので、過去の問題で何点取れたかにより、自分が何点取れるかを、かなり正確に予想できるのだ。

その結果を見れば、自分の現在の実力がわかるし、合格のための目標点数に足りているのか、足りないならあと何点取ればいいのかがわかる。そのためには、どこを捨て、どこを重点的に勉強すればいいのかもわかる。効率的に勉強が進められ、確実に合格への道を進むことができるのだ。

●地味なC君の「確実なやり方」とは？

社会人が挑戦する資格試験でも、同様である。

センター試験ほどではないにしても、主な資格試験では、過去の問題集などが発行されている。試験に出される内容は、大切なポイントとなるものだ。

だから、設問の切り口は違っても、何度も繰り返し出される。それ以外にもよく出される分野とそうでない分野がだんだん見えてくる。無駄な勉強、重点的にやらなければいけない分野が見えてくる。

過去の問題集をしっかり勉強すれば、資格取得のポイントとなる重要な部分を自然に勉強できるというわけだ。

C君の合格はこれによるものである。

器用に新しい情報を取り入れていくこともできないし、コツコツタイプなので、日頃の業務も要領よくぱぱっと終わらせることができない。限られた時間のなかで自分のペースでできる勉強法として、C君は過去の問題集を手に入れ、毎日の通勤時間や、夜寝る前の少しの時間を、勉強にあてた。その結果、試験問題のポイントとなることを確実に身につけ、合格したのだ。

A君、B君のやり方も間違いとはいえないが、結果的には、合格には結びつかなかった。

焦って情報の波に溺れてしまうのは、何よりも怖い。

情報がいくらでも手に入る現代だからこそ、情報のなかから何を選び、どう生かすかが、大切となる。温故知新、情報に振り回される前に、過去を振り返ってみると、そこに成功への近道があったりするものなのだ。

「才能は必要ない」と知る

●「他人の失敗」に敏感にならない

気分が沈みがちだったり、うつっぽかったり、病気まではいかなくとも、精神的に落ちこみ気味な人からときどき相談を受ける。

少し話してみると、そういう人たちは、会社で、似たような悩みを持っている。

「上司や先輩、同僚、部下など、社内の人が自分のことをどう思って見ているのか気になってしまう」

「強く言われると、すぐに言葉を引っこめてしまう」

「一度断られると、あきらめてしまい、そのことに目をつぶってしまう」

「反対意見が出ると、すぐに自分の意見を曲げてしまうし、自分の意見のほうが正しいと思っても、周囲に従ってしまう」

などだ。

いろいろ話を聞いてわかったのだが、こういうタイプは、共通して周囲の人の失敗例にひじょうに敏感だ。

仕事で失敗した同僚を見て、自分もああなったら怖いから、周囲の反対があったらすぐに方向転換しようと思う。あるいは、取引先からクレームを出されて異動になった先輩を見て、出る杭《くい》は打たれず、目立たないほうがいいと防御する。

また、どんなに自分が正しいと自信を持っていても、周囲の敵対心を煽ったら後が怖いと、自分を押し殺す。

このように、失敗した人、ダメな人、うまくいかなかった人など、失敗例ばかりを参考に、自ら「べからず集」を作ってしまう。

その結果、動けなくなってしまうのである。

失敗例をもとに、自らを制約してしまったら、どんどん自分の動ける場は狭くなる。動けなくなって当然なのだ。

なぜ、失敗例ばかりに敏感になってしまうのだろう。失敗は成功の対極に位置する。

失敗例だけ見てしまう人は、成功への道が見えなくなってしまう。

動けなくなったり、後退してしまったり。自分を縛り、閉じ込めて、がんじがらめの状況を作り出しているのは、自分自身なのだ。余談になるが、私は医者のいう健康法のたいていがあてにならないと考えている。

彼らは病気の人間だけ見て、健康で長生きしている人間をほとんど見ていない。

だから、べからず集のような健康法ばかり訴える。

しかし、実際に統計をとってみると、太めの人やコレステロール値が高い人のように、医者から見て「べからず」の人のほうが長生きしているし、歳をとっても健康的だ。少なくとも「べからず」で生活を縛っても、「健

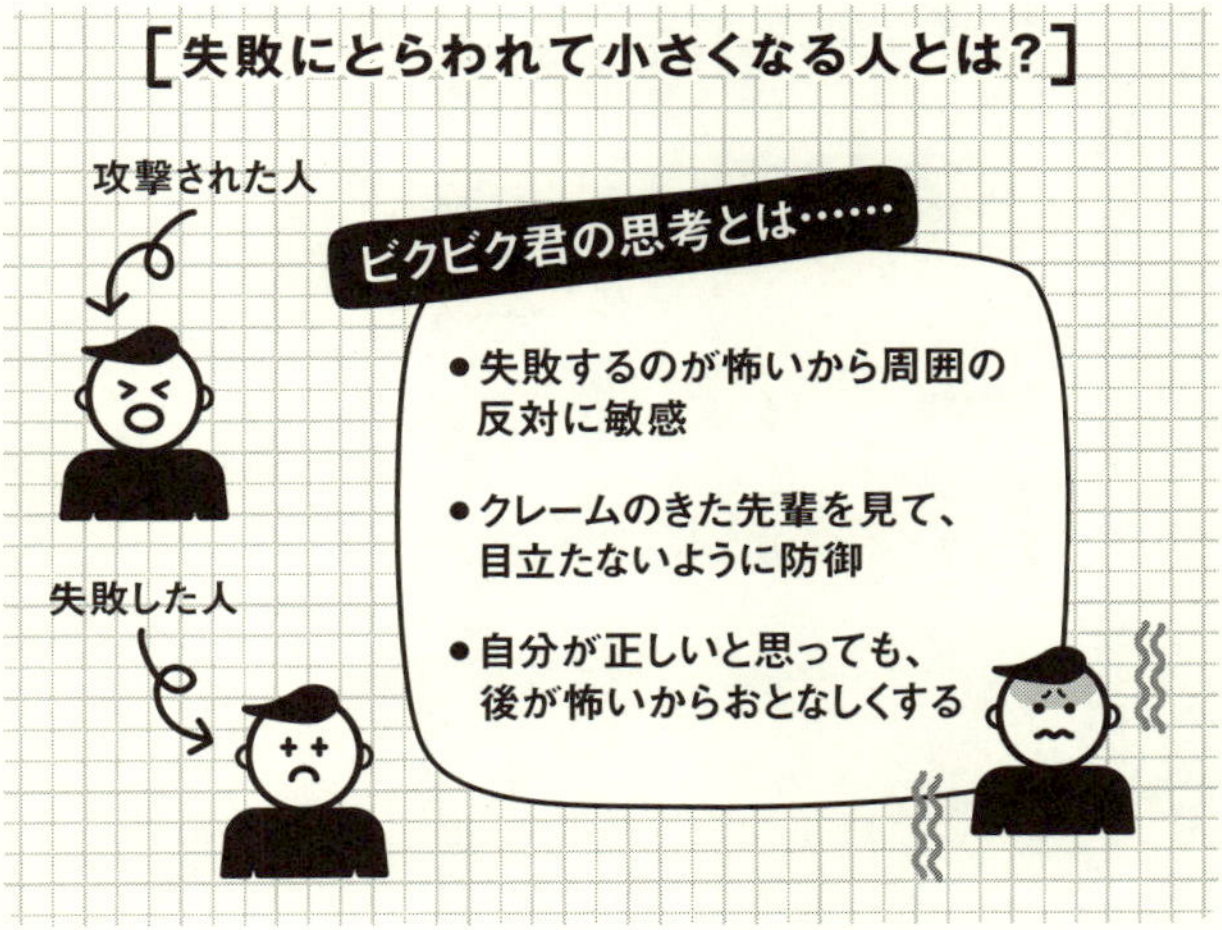
[失敗にとらわれて小さくなる人とは？]
攻撃された人
失敗した人
ビクビク君の思考とは……
●失敗するのが怖いから周囲の反対に敏感
●クレームのきた先輩を見て、目立たないように防御
●自分が正しいと思っても、後が怖いからおとなしくする

康」にはなれない。

●「成功した理由は何か?」を考える

本当に大切なのは、成功例に学ぶことなのだ。

失敗例を反面教師とするのもよいが、どんどん動いて前に進み自ら成功するには、成功した人を見て、その成功の理由を探すことがいちばんの近道だ(先ほどの健康法の例でいくと、健康で長寿の人を多数集めて、その理由を分析することになる)。

こういっても、失敗例にこだわるタイプの人のなかには、「そんなことやっても、意味がない」と思う人もいるのではないだろうか。

しかし、うまくいく人は成功の方法論を見出しているし、多くの場合、その方法論を取り入れれば、凡人でも今より成功の確率は高まる。

私の人生観から言わせてもらえば、うまくいくのには必ず理由がある。

逆に、「成功するのは、その人に才能があるから」などと考える人は、動けなくなる。まずは、そうじゃないということを知ること。うまくいった人には理由がある、成功の法則がある、それは何かと考えてみよう。

少し考え方を変えるだけで、世界は変わってくる。成功した人をうらやんでいるだけでは、自分自身は変わらない。自由自在に動きたい、成功したい、勝ち組になりたいなら、なぜ勝てたのかを考え、それを実践していけばいいのだ。

成功するためにもっとも必要なのは、成功への方法論。

才能や資質なんて、なくてあたりまえ。もちろん、あったらそれはラッキーだけれど、ノーベル賞を目指すわけではない。

普通のレベルの成功は、才能で得るのではなく、成功の方法論を知り、それを実践することで簡単に手にできる。それに気づくか気づかないかが、重要なのだ。

私にしても、この手の本を書くのは、自分の成功体験の分析を必ず行っているからだ。

たとえば、東大に合格して、「俺は頭がいいから」「俺は努力をしているから」と思っている人は、方法論の分析ができない。「なんで、この程度の頭の俺が合格できたのか」を分析した結果で、学生時代から多くの受験生を成功させてきたし、それを著書にできた。今でも、それを続けているから、受験勉強法の通信教育でも成功している。それ以外に、自分の成功の方法論を分析したから、受験以外の仕事や勉強でも成功できていると信じている。

失敗例にこだわる人のなかには、それでも失敗のリスクは減らないと考える人もいるだろう。でも、何もしないのも、仕事ができないという点では同じなのだ。

種をまく、苗を植える

●「できること」を工夫する

人見知りで、自分から率先して声をかけられないという商社マンがいる。これは困ったことだ。仕事の適性からいったら、あまり商社勤務には向いていないタイプということになる。

また、電話が苦手だという保険会社の営業担当がいる。これもまた、仕事上でデメリットが大きい。

ところが、その商社マンも保険の営業担当も、実はとても優秀で、毎年、群を抜いた成績をあげている。それは、自分の苦手を克服するために、自分でできる方法を工夫しているからだ。

もちろん、苦手意識を払拭し、克服できればそれがベストだ。

でも、実際はなかなかそううまくはいかない。だったら、別の方法を考えればいいのだ。苦手なことを克服するよりも、そのほうがずっと簡単に違いない。

実はふたりが用いた方法は同じものだ。

メールである。

気のきいた話ができない、話下手で緊張しやすいなど、会話は苦手だ。でも、文章なら、意外とすんなり言いたいことが言える。手紙やＦＡＸという手もあるけれど、メールのほうが手軽だ。相手にとってもパソコン上に残しておいて時間のあるときに読めばいいし、読み終わったら簡単に削除できる。もちろん、メールを出したから必ず読んでもらえるとは限らないが、「声をかける」「電話をする」のと同様、有効なコミュニケーションの手段ではある。

仕事をはじめ、趣味でも勉強でも、何かしたい、しなくてはならないことがあったら、まずはそのきっかけ作りが必要だ。

種をまかなければ収穫が得られないように、行動しなければ、成果は得られない。しかも、種をひとつまけば必ず花が咲くとは限らないし、それが元気に育って実となることも保証されない。

たとえば畑に野菜の種をまくとしよう。最初、多めに種をまく。やがて葉が出たら、元気のよいものを残して、間引く。そうやって段階を経て、野菜が実るのだ。

仕事などもこれと同じ。種まきの法則が必要となる。たくさん種をまけば、そのうちいくつかは芽を出す。芽が出なくても、あきらめる必要はない。次は、もっとたくさん種をまけばいいのだ。そして、なるべくたくさんの芽を出す。そうすれば、いくつかは元気な苗に育つだろう。

あるいは、苗が手に入るなら、最初から苗を植えればいい。種から育てるよりは、ずっと手がかからない。時間も労力も少なくていい。**種をまけばやがて芽が出る、苗を植えれば、より早く実になる。**声をかけられない、電話が苦手だからと、避けてい

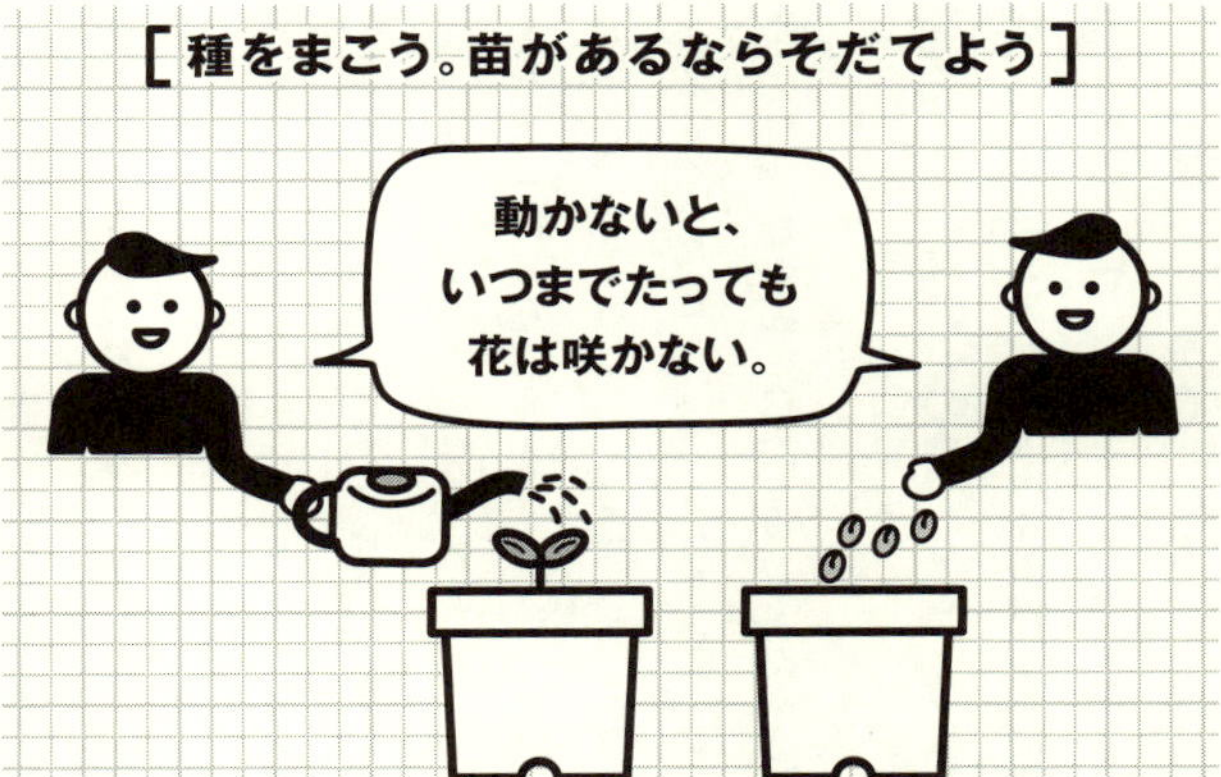
[種をまこう。苗があるならそだてよう]
動かないと、
いつまでたっても
花は咲かない。

たらいつまでも結果は得られない。電話を使わずに、種をまき、苗を植える方法論を考えることだ。種も苗もたくさん育てるほど、実のなる確率は高くなるのだ。

●何かを選択すれば、ゴールに近づく

物事がうまく進まないというとき、その原因の多くが自分自身にある場合が多い。それは、右に進むか左に曲がるか、イエスかノーか、自分で決められないからだ。

話はそれるが「ドラゴンクエスト」というゲームをご存じだろうか。海外でも人気のゲームシリーズだが、２００９年に発売された「ドラゴンクエストⅨ　星空の守り人」では、ワイヤレス通信機能により、たとえば道を行き来するなど、ゲームをやっている人がすれ違うことで、宝の地図などを交換することができ、ゲームを進めていくのに役立てられる。

より早くたくさんの宝の地図をゲットするには、ゲームファンの集まるところに行けば、てっとり早い。すると、秋葉原にあるヨドバシカメラのゲーム売り場に人が殺到した。そこで、ヨドバシカメラは、店の前にある敷地内に「ルイーダの酒場」というドラゴンクエストⅨ専用のすれ違い通信コーナーを設けたそうである。

ドラゴンクエストシリーズは、ロールプレイングゲームと呼ばれるジャンルで、冒険を続けて、最終目的をクリアする。その過程では、難問を解決したり、敵と戦ったり、つねにイエスかノーか、選択し、進んでいく。場合によっては、一方を選べば、より早くクリアできるのだが、仮にもう一方を選んだとしても、そこでゲームが終わってしまうわけではない。少し遠回りになろうが、選択すれば前に進んでいける。遠回りしたことで、最短距離を進むよりたくさんの情報を得ることができて、急がば回れのごとく、結果的には近道だったということもある。

要は、**「選択する」ということが重要**なのだ。それが、前に進むための条件だ。いつまでも悩んで「選択する」ことができなければ、いつまでもゲームは終わらないし、ゴールにたどりつけない。

仕事や人生だって、ゲームと同じ。つねに選択を迫られる。選択しなければ、次のステージには進めないし、永遠にゴールインできないのだ。

だったら、うじうじ悩んでいるよりは、さっさと決めたほうがいい。どちらか選んで動いてみれば、次のステージが見えてくる。それが近道だったらラッキーだし、回り道だとしても、得られるものがある。遠いのがいやなら、元に戻って、もうひとつを選んで進めばいい。考えるより動いたほうが、ものごとは進展する。
選んで動く、これがゴールに近づく成功の法則なのだ。

おわりに
人間はみんな「それなりに」生きているもの

本書を読んで、「やはり自分では無理だ」と思われた方がいるかもしれない。もちろん、それは著者である私の力不足のためなのだが、ひとつだけ言っておきたいことがある。

それは、この手の本を読むと、全部やらなければいけないような気がして、かえって不安になることがあるけれども、実際には「1つでも2つでも、何か試せることがあれば、それで上出来だ」ということだ。

本書には、おおむね9つの試すべきパターンが書いてあるわけだが、試してみて、それが全部うまくいかないということも実際は少ないと思う。それでもダメなら、他にもいっぱい実行力を上げるための本が出ているのだから、それを試してほしい。

ただ、**いちばん大きな差は0と1だ**ということだ。

全部を試す必要はないから、ひとつでもやってみる。
たとえうまくいかなくても、考えるだけで何もやらない「0」ではなく、「1」を試せたというだけで昨日の自分と大きく違うはずなのだ。

あなたが日頃うらやましいと考えている「できる人間」が、本書に出ているような9つの習慣を、すべてやっていると思う必要もないということだ。もちろん実行力のある人間というのは、人よりあれこれ試しているだろうが、それでも、なんでもやっているわけではない。

自分に合ったやり方を見つけることができたから、普通の人と違うように見えるだけで、本書で書かれているようなことをみんなやっていたら逆に疲れるだろう。もちろん、私だって、考え方としては持っているが、全部を実行に移しているわけではない。

なぜ、こんなことを持ち出したかというと、あれこれと考えて行動できない人というのは、簡単なことを難しく考えすぎてしまうことが多いからだ。

「ちょっと試してみよう」「できることからやってみよう」という気楽さがなくて、たとえば本書のような本を読むと、その通りでないといけないと考えてしまう。

でも、難しく考えて、得をすることはきわめて少ない。

人間はみんなそれなりに生きているということは、人生というのは難しそうに見えて意外に誰でもできているということだろう。

英語では、take it easy ということばがよく使われる。Easy は「気楽な」という意味もあるが、「簡単な」という意味もある。

本書の内容も私の書き方で、難しく思えたかもしれないが、なるべくシンプルに受け止めてほしい。それによって、少しでも楽に動けるのなら著者として幸甚このうえない。

末筆になるが、編集の労をとってくれた大和書房編集部の藤沢陽子さんと佐々木雅代さんに、この場を借りて深謝したい。

和田秀樹

和田秀樹（わだ・ひでき）

1960年大阪市生まれ。85年東京大学医学部卒業。東京大学医学部付属病院精神神経科助手、米国カール・メニンガー精神医学校国際フェロー、浴風会病院精神科を経て、国際医療福祉大学大学院教授（臨床心理学専攻）、川崎幸病院精神科顧問、一橋大学経済学部非常勤講師、和田秀樹こころと体のクリニック院長。

また、映画監督として初作品『受験のシンデレラ』でモナコ国際映画祭最優秀作品賞受賞、2012年には『「わたし」の人生』が公開され話題を呼ぶ。

主な著書に『45歳を過ぎたら「がまん」しないほうがいい』『「忙しい」「時間がない」をやめる9つの習慣』（大和書房）、『定年後の勉強法』（ちくま新書）、『医療のからくり』（文春文庫）、『大人のための勉強法』『老人性うつ』（PHP新書）、『悩み方の作法』（ディスカヴァー携書）など多数ある。

本作品は小社より2009年12月に刊行された『「あれこれ考えて動けない」をやめる9つの習慣』を再編集・

だいわ文庫

「あれこれ考《かんが》えて動《うご》けない」をやめる9つの習慣《しゅうかん》

著者　和田秀樹《わだひでき》

二〇一四年一月一五日第一刷発行
二〇一四年一二月三〇日第九刷発行

発行者　佐藤靖
発行所　大和《だいわ》書房
東京都文京区関口一−三三−四　〒一一二−〇〇一四
電話　〇三−三二〇三−四五一一

装幀者　鈴木成一デザイン室
本文デザイン　松好那名(matt's work)
本文印刷　厚徳社
カバー印刷　山一印刷
製本　小泉製本

ISBN978-4-479-30463-0

http://www.daiwashobo.co.jp